MÜNSTERSCHWARZACHER KLEINSCHRIFTEN

herausgegeben
von den Mönchen der Abtei Münsterschwarzach

Band 105

Heinz Schürmann

Das Jesusgebet im Kirchenjahr

VIER-TÜRME-VERLAG MÜNSTERSCHWARZACH
1997

Heinz Schürmann

Das Jesusgebet im Kirchenjahr

Die Sonn- und Festtags-evangelien ins Gebet genommen

VIER-TÜRME-VERLAG MÜNSTERSCHWARZACH
1997

Die Deutsche Bibliothek – CIP-Einheitsaufnahme

Schürmann, Heinz:

Das Jesusgebet im Kirchenjahr : die Sonn- und Fest–tagsevangelien ins Gebet genommen / Heinz Schürmann. – 1. Aufl. – Münsterschwarzach : Vier-Türme-Verl., 1997

(Münsterschwarzacher Kleinschriften ; Bd. 105)

ISBN 3-87868-605-6

NE: GT

1. Auflage 1997

Gesamtherstellung: Vier-Türme GmbH, D-97359 Münsterschwarzach Abtei

von Seite 18 bis 85

mit freundlicher Genehmigung des Herder Verlags

ISSN 0171-6360

ISBN 3-87868-605-6

INHALT

Die vorliegende Kleinschrift
macht den II. Teil des vergriffenen Buches
von H. Schürmann, „Rosenkranz und Jesusgebet“,
Freiburg-Basel-Wien (1986) ^{2}1989, S. 46–145
neu zugänglich.

Einführung in das Jesusgebet

Aus den dunklen Apsiden der ältesten christlichen Basiliken leuchtet ein Bild von überirdischer Majestät bis in unsere Tage: der auferstandene und erhöhte Herr, dem alle Gewalt gegeben ist im Himmel wie auf Erden. Wenn unsere christlichen Vorfahren den Kirchenraum betraten, dann sahen sie in den Apsiden und mit den Augen des Glaubens den, zu dem sie gemeinsam und einzeln unaufhörlich riefen: „Herr, erbarme dich. Christus, erbarme dich".

Was ist uns Christen widerfahren? „Der Gott, der (einst bei der Weltschöpfung) sprach: Aus Finsternis soll Licht aufleuchten!, er ist in unseren Herzen aufgeleuchtet ... zur Erkenntnis der Herrlichkeit Gottes auf dem Antlitz Christi" (2 Kor 4,6). Das ist die in uns vom Heiligen Geist gewirkte Erkenntnis: „Jesus ist der Herr" (1 Kor 12,3), d.h.: auf seinem Antlitz sehen wir die „Herrlichkeit Gottes". Die haben wir „oben" vor Augen, *über uns,* wenn wir zu ihm Aufschau halten und rufen: „Herr, erbarme dich, Christus, erbarme dich".

Aber Strahlen dieser seiner göttlichen Herrlichkeit fallen auch in unser Inneres, denn „wir alle spiegeln mit enthülltem Angesicht die Herrlichkeit des Herrn wider und werden dabei in sein eigenes Bild verwandelt - von Herrlichkeit zu Herrlichkeit: durch den Geist des Herrn" (2 Kor 3,18). Der Herr kommt über uns, kommt uns darin dann unendlich nahe, wird zum „Für-uns". Er lebt für uns und atmet *in uns* durch seinen Geist. Auch das verwirklicht sich in unserem Innern, wenn wir rufen: „Herr, erbarme dich, Christus, erbarme dich".

Christus als der Herr *über uns* und als der Geist *in uns*, das ist das Bild, das wir vor Augen haben, und die Wirklichkeit, die in unserem Herzen lebt, wenn wir das „Jesusgebet“ sprechen.

Das „Jesusgebet“ beschreibt und empfiehlt uns das „Gotteslob“ (Nr. 6,1): „Die Anfänge dieser Gebetsform gehen zurück bis in die Zeit der Kirchenväter. Das Jesusgebet verbreitete sich vor allem in der Ostkirche, ist aber heute auch in weiten Kreisen des Westens bekannt.”

In einer langen Geschichte des Betens – anfänglich mit unterschiedlichen Kurzformeln und „Stoßgebeten“ hat sich besonders die Form des Jesusgebetes durchgesetzt, welche das „Gotteslob“ (ebd) angibt:

Herr Jesus Christus, Sohn Gottes,
erbarme dich meiner.

Durch die seit 1883 in Ost und West bekannt gewordenen „Aufrichtigen Erzählungen eines russischen Pilgers“[1] - der Autor ist unbekannt - hat die Kurzform

Herr Jesus Christus,
erbarme dich meiner

Verbreitung gewonnen.

Das Jesusgebet kann sowohl „Anfängern“ wie „Fortgeschrittenen“ im Gebetsleben helfen; jedem anders, in welcher Gebetsweise er auch immer betet oder auf welcher Gebetsstufe er auch sein mag. Es schmiegt sich mit großer Anpassungsfähigkeit jedem Gebet an und gibt ihm, was es benötigt.

1. Zunächst einige Bemerkungen für *Anfänger:* Die beste Einführung ist das *eigene Tun:* „Fang einfach an. Um gehen zu lernen, muß man den ersten Schritt wagen; um schwimmen zu lernen, muß man sich ins Wasser stürzen. Genauso ist es bei der Anrufung des Namens.“[2] Jeder kann den Versuch damit machen in seiner Weise. Denen aber, die „arm sind im Geiste“ (Mt 5,3) und sich als Sünder wissen, hilft Jesus am liebsten, denen,

die schon immerfort – mit oder ohne Worte – beten: „Erbarme dich meiner".
Das Jesusgebet kann als „Stoßgebet" fast *immer und überall* gebetet werden, morgens beim Aufwachen, bei der Arbeit und den Mahlzeiten, auf manchem Wege, vor dem Einschlafen. Es wünscht sich freilich zudem eine gewisse Regelmäßigkeit: Am Tage einige freie Minuten an einem festen Ort und zu einer bestimmten Zeit, in denen wir ganz bei Jesus sind, alle Aufmerksamkeit nur ihm widmen und frei sind.
Dem oben genannten Pilger gab ein Starez die folgende – häufig zitierte – Belehrung über das Jesusgebet[3]: „Das unablässige innerliche Jesus-Gebet ist das ununterbrochene, unaufhörliche Anrufen des göttlichen Namens Jesu Christi mit den Lippen, mit dem Geist und mit dem Herzen, wobei man sich seine ständige Anwesenheit vorstellt und ihn um sein Erbarmen bittet, bei jeglichem Tun, allerorts, zu jeder Zeit, sogar im Schlaf. Es findet seinen Ausdruck in folgenden Worten: 'Herr Jesus Christus, erbarme dich meiner!' Wenn sich nun einer an diese Anrufung gewöhnt, so wird er einen großen Trost erfahren und das Bedürfnis haben, immer dieses Gebet zu verrichten, derart, daß er ohne dieses Gebet gar nicht mehr leben kann, und es wird sich ganz von selber aus ihm lösen."
Zu *Beginn des Gebetes* werden unsere Anrufungen das Antlitz des Herrn suchen ,aber nicht so sehr „auf dem himmlischen Thron", denn: „Sieh', dein Himmel ist in mir", singen wir mit Angelus Silesius (Gotteslob 555,2). Wir suchen den „inwendigen Jesus", der als mein „erhöhtes Ich" (so Teilhard de Chardin) in mir lebt. Denn „ich …, doch nicht ich, sondern Christus lebt in mir" (Gal 2,20) – als mein „inneres Inbild", als das Du meines Ich.

Der erhöhte Herr ist „*unter uns*", in unserer Mitte (vgl. Mt 18,20), ist aber auch stets *in uns* präsent: in seinem Geistwirken, seinem Wort und – besonders persönlich begegnend – in seinem *Namen.* Dieser Name wurde Maria anbefohlen: „Du sollst ihm den Namen Jesus geben" (Lk 1,31). „Jeder, der den Namen des Herrn anruft, wird gerettet" (Apg 2,21). Ist „uns Menschen doch kein anderer Name unter dem Himmel gegeben, durch den wir gerettet werden können" (Apg 4,12). Als die Christen noch keinen eigenen unterscheidenden Namen hatten, gaben sie sich als die aus, die „seinen Namen anrufen" (vgl. Apg 9,14). Versuchen wir es also ganz persönlich mit dem Namen „Jesus"... Wenn wir das tun, sind wir gut beraten.
Nach einiger Zeit wird der Beter immer mehr in sein eigenes Herz schauen, in dem der Heilige Geist ohne viele Worte das Gebet verrichtet. Dann wird es in ihm beten, während er auf seinen *ruhigen Atem* lauscht (vgl. Gotteslob 6,1). Die Erfahrung lehrt: Das Gebet dringt tiefer ins Herz und wird zum *Herzensgebet,* wenn jeweils die erste Zeile *einatmend,* die zweite *ausatmend* gebetet wird. Die Haltung soll sehr entspannt sein. Wir möchten, wie gesagt, Anfängern helfen. Auf einer Anfangsstufe des Betens verlangen aber meist die Vorstellungskräfte wie das Denken – unser gewohntes Betätigungsfeld! – noch stärker ihr Recht. Diese Vorstellungen und suchenden Gedanken wollen meditativ eingebunden sein, bevor das personale Du-Sagen gelingt und das zerstreute Ich kontemplativ gegenwärtig ist. Manchen Anfängern im Beten des Jesusgebetes wird es helfen, den Aufblick zu Jesus, ähnlich wie es das Rosenkranzgebet, aber auch das Christusgebet der westlichen Kirche tut, durch eine *eingefügte zweite Anrede* zu konkretisieren (vgl. im

Gotteslob Nr. 6,2). „Ähnlich wie beim Rosenkranz nennt man im Lauf des Gebetes (dritte Zeile) Heilsereignisse oder Bitten“. Ein Jesusgebet für Anfänger kann von jener Gebetsform lernen. Auch das Jesusgebet erlaubt jedem, in dieser Weise eine zweite Anrufung zu wählen, die ihm besonders lieb ist und die gerade seiner besonderen Lage entspricht (vgl. Gotteslob Nr. 6,2 und Nr. 679).

Unser Vorschlag geht nun dahin: Mit dem Jesusgebet im Herzen lesen wir das jeweilige Sonntagsevangelium, wählen daraus einen Gebetssatz, der uns anspricht, flechten diesen in unser Jesusgebet und lassen ihn die folgende Woche hindurch nachklingen. Die beiden Jesus anrufenden Sätze können immer abwechselnd gebetet werden, solange es möglich ist, wobei je nach Eingebung und Neigung entweder der erste oder der zweite an Gewicht gewinnen mag.

Nachstehend (S. 18–85) werden derartige Gebetssätze für alle Sonntagsevangelien der drei liturgischen Lesejahre A, B und C in Vorschlag gebracht. – Es wäre freilich besser, jeder Hörer des Evangeliums würde je seinen eigenen Gebetssatz finden und in sein ureigenes Jesusgebet nehmen.

2. Das Herzensgebet der *„Eingeübten“:* Unser Vorschlag, einen Satz des Evangeliums in das Jesusgebet zu nehmen, darf nicht vorgetragen werden, ohne daß er zugleich in Frage gestellt wird. Es ist gewiß gut, das Sonntagsevangelium mit Hilfe des Jesusgebetes meditierend mit in die Woche zu nehmen. Denn das WORT GOTTES in Person ist Jesus als der Sohn Gottes; Wort Gottes in der Heiligen Schrift ist erst in abgeleitetem Sinn Gottes Wort. Das Jesusgebet ist von daher der beste Schlüssel, die Schrift als Wort Gottes zu erschließen.[4] Das Jesusgebet aber hat seine eigene innere Gesetzlichkeit: es möchte sich

immer mehr vereinfachen dürfen, zum „Herzensgebet“ werden und damit zum „immerwährenden Gebet“. Dieses aber bedarf am Ende kaum noch meditativer Nachhilfen. Unser obiger Vorschlag möchte sich also immer mehr erübrigen.
Ein Beter, der in der Schule des Jesusgebetes eingeübt ist, wird mit der vorstehend vorgeschlagenen Erweiterung des Jesusgebetes seine Erfahrungen machen: Am Anfang wird es leichter sein, das zweite Sätzchen meditierend zu beten; am Ende aber wird das erste vielleicht genügen.
Das Beten kann noch einfacher werden: Vielleicht genügt dem Beter nach einiger Zeit ganz schlicht *der Name „Jesus“* als Anrede, der allein für sich schon die Kraft hat, in der „liebenden Aufmerksamkeit“ kontemplativ festzuhalten. Der Name allein möchte dann unser Jesusgebet sein.
Der Mönch der Ostkirche[5], dem wir für das Jesusgebet viel Anregung verdanken, wagt vorzuschlagen, „ohne die anderen Formeln entwerten zu wollen, das Wort Jesus allein zu gebrauchen ... Wenn wir von der Anrufung des Namens sprechen, dann meinen wir die andächtige Wiederholung des Namens selbst, die Wiederholung ohne irgendwelche Hinzufügungen... Der Name Jesus kann entweder laut ausgesprochen oder still gedacht werden...“. – Dieser Vorschlag wird wohl besonders Betern gelten, denen bereits die Gabe des „Gebetes der Einfachheit“ (der „erworbenen Beschauung”) oder gar die des „Gebetes der Ruhe“ („eingegossene Beschauung”) geschenkt ist.[6]
Der genannte „Mönch der Ostkirche“ rät weiter[7]: „Beginne (den Namen ‘Jesus’) ehrfürchtig und liebevoll auszusprechen. Bleibe fest dabei. Denke nicht daran, daß du den Namen anrufst; denke nur an Jesus. Sprich seinen Namen langsam, sanft und ruhig aus... Krampfhafte Anstrengung und die Suche nach einem besonderen

Erlebnis sind vergebens. Wenn du den heiligen Namen wiederholst, so konzentriere deine Gedanken, Gefühle und Wünsche nach und nach auf den Namen. Sammle in ihm dein ganzes Wesen. Wie ein Öltropfen auf einem Tuch sich ausbreitet und es durchtränkt, so laß den Namen deine Seele durchdringen. Nicht der kleinste Teil deines Selbst soll davon ausgenommen sein. Unterwerfe dein ganzes Sein und schließe es in den Namen ein."

Das Jesusgebet kann im Beter Wunder wirken. Jesus steht am Ende nicht mehr als Wort, als Name, sondern in Person vor dir, als dein „Du". Da bedarf es nach Anrufung des Namens keiner Worte und Gebetssätze. Vielleicht muß es noch deutlicher gesagt werden, weil das Ich ja immer erst vom Du her lebt; erst wenn jemand zu mir „Du" sagt, kann ich sagen: „Ich bin ich". Das Jesusgebet verstummt und wird zum „Herzensgebet", wenn nicht ein Mensch, sondern der in den Liebesraum des Vaters erhöhte Jesus „Du" zu mir sagt. Darin „stirbt" das Ich. Es ist nun - vielleicht der sympathischste „Hohheitstitel" Jesu - mein „erhöhtes Selbst"; vgl. Teilhard de Chardin[8]: „Nachdem ich dich als den erkannt habe, 'der mein erhöhtes Ich ist', ... laß mich, Herr, verstehen, daß du es bist, der ... die Fasern meines Seins zur Seite schiebt, um bis zum Mark meines Wesens einzudringen und mich in dich hineinzuziehen."

Paulus kann formulieren: „Ich ... doch nicht ich, sondern Christus lebt in mir!", was im Kontext für ihn heißt: „Ich bin mit Christus gekreuzigt... Soweit ich aber jetzt noch in dieser Welt lebe, lebe ich im Glauben an den Sohn Gottes, der mich geliebt und sich für mich hingegeben hat" (Gal 2,19b-20). Paulus konnte so sprechen, weil ihm nach seiner Damaskusstunde im Gebet noch viele

Christusbegegnungen geschenkt wurden (vgl. 2 Kor 12,1-6), die jene Erstbegegnung immer tiefer verstehen lehrten.

Die Sonn- und Festtagsevangelien im Jesusgebet der Woche

Das Zweite Vatikanische Konzil hat „die Schatzkammer der Bibel weiter aufgetan“ und „den Tisch des Gotteswortes reicher bereitet“.[9] So hören wir nun jeweils am Tag des Herrn und an allen höheren Festtagen drei Lesungen, verteilt auf einen Dreijahreszyklus.[10]
Nachstehend haben wir aus den Fest- und Sonntagen des Jahres sowie aus den Hochfesten und Festen des Kirchenjahres, die auf einen Sonntag fallen können, jeweils eine „Kurzlesung“ (lectio brevis) ausgewählt, die als „Wort des Lebens“ mit in die Woche genommen werden kann. Wir versuchen, diese in einen Gebetssatz umzuformen, der dem Jesusgebet eingefügt werden kann in der oben (S. 13) beschriebenen Weise.
Das Wort Gottes kann nur zur „Seelenspeise“ werden, wenn es ins Gebet genommen wird. Hier wird das „äußere Wort“ dann zum „inneren Wort“. Der Beter erfährt, daß „im Wort Gottes Gewalt und Kraft west“, daß es die Seele umformt und zum „Wort des Lebens“ wird.[11] Was uns in den Lesungen des Wortgottesdienstes innerlich angesprochen hat, können wir jeweils mit in das Leben der Woche und ihre Arbeit nehmen. Das aber geschieht am leichtesten in Verbindung mit dem Jesusgebet.

LESEJAHR A
Das Matthäusjahr

I. Advents- und Weihnachtszeit

1. ADVENTSSONNTAG: Mt 24, 38-39.42
Wie die Menschen in den Tagen vor der Flut aßen und tranken und heirateten, bis zu dem Tag, an dem Noah in die Arche ging, und nichts ahnten, bis die Flut hereinbrach und alle wegraffte, so wird es auch bei der Ankunft des Menschensohnes sein... Seid also wachsam! Denn ihr wißt nicht, an welchem Tag euer Herr kommt.

Herr Jesus Christus,
erbarme dich meiner.
Du kommst unerwartet,
erbarme dich meiner.

2. ADVENTSSONNTAG: Mt 3,1-2.11a.c.12
In jenen Tagen trat Johannes der Täufer auf und verkündete...: Ich taufe euch nur mit Wasser zum Zeichen der Umkehr. Der aber, der nach mir kommt,... wird euch mit dem Heiligen Geist und mit Feuer taufen. Schon hält er die Schaufel in der Hand; er wird die Spreu vom Weizen trennen und den Weizen in seine Scheune bringen; die Spreu aber wird er in nie erlöschendem Feuer verbrennen.

Herr Jesus Christus,...
Der die Seinen sammeln wird,...

3. ADVENTSSONNTAG: Mt 11, 2a.3-6
Johannes hörte im Gefängnis von den Taten Christi ... und ließ ihn fragen: Bist du der, der kommen soll, oder müssen wir auf einen andern warten? Jesus antwortete ihnen: Geht und berichtet Johannes, was ihr hört und seht: Blinde sehen wieder, und Lahme gehen; Aussätzige werden rein,

und Taube hören; Tote stehen auf, und den Armen wird das Evangelium verkündet. Selig ist, wer an mir keinen Anstoß nimmt.

Herr Jesus Christus,...
Nur dich will ich erwarten,...

4. ADVENTSSONNTAG: Mt 1,23
Seht, die Jungfrau wird ein Kind empfangen, einen Sohn wird sie gebären, und man wird ihm den Namen Immanuel geben, das heißt übersetzt: Gott ist mit uns.

Herr Jesus Christus,...
Immanuel – Gott mit uns,...

HOCHFEST DER GEBURT DES HERRN - WEIHNACHTEN
Am Heiligen Abend: Mt 1,1.17
Stammbaum Jesu Christi, des Sohnes Davids, des Sohnes Abrahams: ... Im ganzen sind es ... von Abraham bis David vierzehn Generationen, von David bis zur Babylonischen Gefangenschaft vierzehn Generationen und von der Babylonischen Gefangenschaft bis zu Christus vierzehn Generationen.

Herr Jesus Christus,...
erbarme dich meiner.
Du stehst vor der Tür und klopfst an,
erbarme dich meiner.

In der Heiligen Nacht: Lk 2,10-11
Der Engel sagte zu ihnen: Fürchtet euch nicht, denn ich verkünde euch eine große Freude, die dem ganzen Volk zuteil werden soll: Heute ist euch in der Stadt Davids der Retter geboren; er ist der Messias, der Herr.

Herr Jesus Christus,...
Heute ist uns der Retter geboren,...

Am Morgen: Lk 2,15b-16
Die Hirten sagten zueinander: Kommt, wir gehen nach Betlehem, um das Ereignis zu sehen, das uns der Herr verkünden ließ. So eilten sie hin und fanden Maria und Josef und das Kind, das in der Krippe lag.

Herr Jesus Christus,...
Im Futtertrog und am Galgen,...

Am Tag: Joh 1, 14a.16
Und das Wort ist Fleisch geworden und hat unter uns gewohnt... Aus seiner Fülle haben wir alle empfangen, Gnade über Gnade.

Herr Jesus Christus,...
Du Gotteswort, das Fleisch geworden,...

Sonntag in der Weihnachtsoktav
FEST DER HEILIGEN FAMILIE: Mt 2, 14-15
Josef stand in der Nacht auf und floh mit dem Kind und dessen Mutter nach Ägypten. Dort blieb er bis zum Tod des Herodes. Denn es sollte sich erfüllen, was der Herr durch den Propheten gesagt hat: Aus Ägypten habe ich meinen Sohn gerufen.

Herr Jesus Christus,...
Gottes Sohn in fremdem Land,...

31. Dezember (und 1. Januar)
VORABEND VON NEUJAHR (UND NEUJAHR): Joh 1, 1-2
Im Anfang war das Wort, und das Wort war bei Gott, und das Wort war Gott. Im Anfang war es bei Gott.

Herr Jesus Christus,...
Du Anfang und Ende von allem,...

Oktavtag von Weihnachten
HOCHFEST DER GOTTESMUTTER MARIA: Lk 2,21

Als acht Tage vorüber waren und das Kind beschnitten werden sollte, gab man ihm den Namen Jesus, den der Engel genannt hatte, noch ehe das Kind im Schoß seiner Mutter empfangen wurde.

Herr Jesus Christus,...
Geboren aus Maria, der Jungfrau,...

2. SONNTAG NACH WEIHNACHTEN: Joh 1,14

Und das Wort ist Fleisch geworden und hat unter uns gewohnt, und wir haben seine Herrlichkeit gesehen, die Herrlichkeit des einzigen Sohnes vom Vater, voll Gnade und Wahrheit.

Herr Jesus Christus,...
Voll Gnade und Wahrheit,...

6. Januar
ERSCHEINUNG DES HERRN: Mt 2,1-2

Als Jesus zur Zeit des Königs Herodes in Betlehem in Judäa geboren worden war, kamen Sterndeuter aus dem Osten nach Jerusalem und fragten: Wo ist der neugeborene König der Juden? Wir haben seinen Stern aufgehen sehen und sind gekommen, um ihm zu huldigen.

Herr Jesus Christus,...
Du bist erschienen aller Welt,...

Sonntag nach dem 6. Januar
TAUFE DES HERRN: Mt 3,16-17

Kaum war Jesus getauft und aus dem Wasser gestiegen, da öffnete sich der Himmel, und er sah den Geist Gottes wie eine Taube auf sich herabkommen. Und eine Stimme aus dem Himmel sprach: Das ist mein geliebter Sohn, an dem ich Gefallen gefunden habe.

Herr Jesus Christus,...
Dem Vater wohlgefällig,...

2. Die österliche Bußzeit (Die Fastenzeit)

ASCHERMITTWOCH: Mt 6,1
Hütet euch, eure Gerechtigkeit vor den Menschen zur Schau zu stellen; sonst habt ihr keinen Lohn von eurem Vater im Himmel zu erwarten.
Herr Jesus Christus,...
Heute will ich deine Stimme hören,...

1. FASTENSONNTAG: Mt 4, 1.8-10
Jesus wurde vom Geist in die Wüste geführt; dort sollte er vom Teufel in Versuchung geführt werden. Der Teufel ... führte ihn auf einen sehr hohen Berg; er zeigte ihm alle Reiche der Welt mit ihrer Pracht und sagte zu ihm: Das alles will ich dir geben, wenn du dich vor mir niederwirfst und mich anbetest. Da sagte Jesus zu ihm: Weg mit dir, Satan! ... Vor dem Herrn, deinem Gott, sollst du dich niederwerfen und ihm allein dienen.
Herr Jesus Christus,...
In allem versucht wie wir,...

2. FASTENSONNTAG: Mt 17,1-2.5b
Jesus nahm Petrus, Jakobus und dessen Bruder Johannes beiseite und führte sie auf einen hohen Berg. Und er wurde vor ihren Augen verwandelt; sein Gesicht leuchtete wie die Sonne, und seine Kleider wurden blendend weiß wie das Licht. Aus der Wolke rief eine Stimme: Das ist mein geliebter Sohn, an dem ich Gefallen gefunden habe; auf ihn sollt ihr hören.
Herr Jesus Christus,...
Dein Angesicht leuchtet wie die Sonne,...

3. FASTENSONNTAG: Joh 4,13-14

Jesus antwortete (der Samariterin): Wer von diesem Wasser trinkt, wird wieder Durst bekommen; wer aber von dem Wasser trinkt, das ich ihm geben werde, wird niemals mehr Durst haben; vielmehr wird das Wasser, das ich ihm gebe, in ihm zur sprudelnden Quelle werden, deren Wasser ewiges Leben schenkt.

Herr Jesus Christus,...
Du Quelle des Lebens,...

4. FASTENSONNTAG: Joh 9,6-7

Jesus spuckte auf die Erde; dann machte er mit dem Speichel einen Teig, strich ihn dem Blinden auf die Augen und sagte zu ihm: Geh und wasch dich in dem Teich Schiloach!... Der Mann ging fort und wusch sich. Und als er zurückkam, konnte er sehen.

Herr Jesus Christus,...
Blinde machst du sehend,...

5. FASTENSONNTAG: Joh 11,25-26

Jesus sagte (zu Marta): Ich bin die Auferstehung und das Leben. Wer an mich glaubt, wird leben, auch wenn er stirbt, und jeder, der lebt und an mich glaubt, wird auf ewig nicht sterben. Glaubst du das?

Herr Jesus Christus,...
Du bist die Auferstehung und das Leben,...

PALMSONNTAG – Einzug Jesu: Mt 21,5

Sagt der Tochter Zion: Siehe, dein König kommt zu dir. Er ist friedfertig, und er reitet auf einer Eselin und auf einem Fohlen, dem Jungen eines Lasttiers.

Herr Jesus Christus,...
Du König, der den Frieden bringt,...

GRÜNDONNERSTAG: Joh 13,1.3a.5
Es war vor dem Paschafest. Jesus wußte, daß seine Stunde gekommen war, um aus dieser Welt zum Vater hinüberzugehen. Da er die Seinen, die in der Welt waren, liebte, erwies er ihnen seine Liebe bis zur Vollendung. Jesus, der wußte, daß ihm der Vater alles in die Hand gegeben hatte... goß Wasser in eine Schüssel und begann, den Jüngern die Füße zu waschen und mit dem Leinentuch abzutrocknen, mit dem er umgürtet war.

Herr Jesus Christus,...
Der uns geliebt hat bis ans Ende,...

KARFREITAG: Joh 19,19-20
Pilatus ließ auch ein Schild anfertigen und oben am Kreuz befestigen; die Inschrift lautete: Jesus von Nazaret, der König der Juden. Dieses Schild lasen viele Juden, weil der Platz, wo Jesus gekreuzigt wurde, nahe bei der Stadt lag. Die Inschrift war hebräisch, lateinisch und griechisch abgefaßt.

Herr Jesus Christus,...
Du herrschest als Gott vom Kreuze her,...

KARSAMSTAG: Mk 15,34b
Jesus rief mit lauter Stimme: Mein Gott, mein Gott, warum hast du mich verlassen?

Herr Jesus Christus,...
Gottverlassen bei den Verlorenen,...

3. Die Osterzeit

HOCHFEST DER AUFERSTEHUNG DES HERRN
OSTERSONNTAG
Die Feier der Osternacht: Mt 28,5-6
Der Engel sagte zu den Frauen: Fürchtet euch nicht! Ich weiß, ihr sucht Jesus, den Gekreuzig-

ten. Er ist nicht hier; denn er ist auferstanden, wie er gesagt hat. Kommt her und seht euch die Stelle an, wo er lag.

Herr Jesus Christus,...
Auferweckt und erhöht,...

An Tag: Joh 20,3-4.8
Da gingen Petrus und der andere Jünger hinaus und kamen zum Grab; sie liefen beide zusammen dorthin, aber weil der andere Jünger schneller war als Petrus, kam er als erster ans Grab. Er ging ... hinein; er sah und glaubte.

Herr Jesus Christus,...
Du bist vom Tod erstanden,...

OSTERMONTAG: Lk 24,28b-31
Jesus tat, als wolle er weitergehen, aber sie drängten ihn und sagten: Bleib doch bei uns; denn es wird bald Abend, der Tag hat sich schon geneigt. Da ging er mit hinein, um bei ihnen zu bleiben. Und als er mit ihnen bei Tisch war, nahm er das Brot, sprach den Lobpreis, brach das Brot und gab es ihnen. Da gingen ihnen die Augen auf, und sie erkannten ihn; dann sahen sie ihn nicht mehr.

Herr Jesus Christus,...
Bleibe bei uns, Herr,...

2. Sonntag der Osterzeit
WEISSER SONNTAG: Joh 20, 27-28
Jesus sagte zu Thomas: Streck deinen Finger aus – hier sind meine Hände! Streck deine Hand aus und leg sie in meine Seite, und sei nicht ungläubig, sondern gläubig! Thomas antwortete ihm: Mein Herr und mein Gott!

Herr Jesus Christus,...
Mein Herr und mein Gott,...

3. SONNTAG DER OSTERZEIT: Joh 21,4.6-7a
Als es schon Morgen wurde, stand Jesus am Ufer. Doch die Jünger wußten nicht, daß es Jesus war. Er aber sagte zu ihnen: Werft das Netz auf der rechten Seite des Bootes aus, und ihr werdet etwas fangen. Sie warfen das Netz aus und konnten es nicht wieder einholen, so voller Fische war es. Da sagte der Jünger, den Jesus liebte, zu Petrus: Es ist der Herr!

Herr Jesus Christus,...
Laß mich dich erkennen,...

4. SONNTAG DER OSTERZEIT: Joh 10, 2-3
Wer durch die Tür hineingeht, ist der Hirt der Schafe. Ihm öffnet der Türhüter, und die Schafe hören auf seine Stimme; er ruft die Schafe, die ihm gehören, einzeln beim Namen und führt sie hinaus.

Herr Jesus Christus,...
Du rufst mich mit Namen,...

5. SONNTAG DER OSTERZEIT: Joh 14,5-6
Thomas sagte zu Jesus: Herr, wir wissen nicht, wohin du gehst. Wie sollen wir dann den Weg kennen? Jesus sagte zu ihm: Ich bin der Weg und die Wahrheit und das Leben; niemand kommt zum Vater außer durch mich.

Herr Jesus Christus,...
Du bist der Weg, die Wahrheit und das Leben,...

6. SONNTAG DER OSTERZEIT: Joh 14,18.20
Ich werde euch nicht als Waisen zurücklassen, sondern ich komme wieder zu euch. An jenem Tag werdet ihr erkennen: Ich bin in meinem Vater, ihr seid in mir, und ich bin in euch.

Herr Jesus Christus,...
Du bist in mir, ich bin in dir,...

CHRISTI HIMMELFAHRT: Mt 28,18-19a.20b
Da trat Jesus auf die Jünger zu und sagte zu ihnen: Mir ist alle Macht gegeben im Himmel und auf der Erde. Darum geht zu allen Völkern, und macht alle Menschen zu meinen Jüngern. Seid gewiß: ich bin bei euch alle Tage bis zum Ende der Welt.

Herr Jesus Christus,...

Der alle Tage bei uns ist bis zum Ende,...

7. SONNTAG DER OSTERZEIT: Joh 17,6-7
Ich habe deinen Namen den Menschen offenbart, die du mir aus der Welt gegeben hast. Sie gehörten dir, und du hast sie mir gegeben, und sie haben an deinem Wort festgehalten. Sie haben jetzt erkannt, daß alles, was du mir gegeben hast, von dir ist.

Herr Jesus Christus,...

Du hast uns den Vater offenbart,...

PFINGSTEN

Am Vorabend: Joh 7,37b-39
Jesus rief: Wer Durst hat, komme zu mir, und es trinke, wer an mich glaubt... Aus seinem Inneren werden Ströme von lebendigem Wasser fließen. Damit meinte er den Geist, den alle empfangen sollten, die an ihn glauben; denn der Geist war noch nicht gegeben, weil Jesus noch nicht verherrlicht war.

Herr Jesus Christus,...

Komm, Heiliger Geist,...

Am Tag: Joh 20,19.21b-22
Am Abend des ersten Tages der Woche, als die Jünger aus Furcht vor den Juden die Türen verschlossen hatten, kam Jesus, trat in ihre Mitte und sagte zu ihnen: Friede sei mit euch! Wie mich der Vater gesandt hat, so sende ich euch. Nachdem er das gesagt hatte, hauchte er sie an und sprach zu ihnen: Empfangt den Heiligen Geist!

Herr Jesus Christus,...
Du gabst uns den Geist,...

PFINGSTMONTAG: Joh 15,26; 16,15
Wenn der Beistand kommt, den ich euch vom Vater aus senden werde, der Geist der Wahrheit, der vom Vater ausgeht, dann wird er Zeugnis für mich ablegen. Alles, was der Vater hat, ist mein; darum habe ich gesagt: Er nimmt von dem, was mein ist, und wird es euch verkünden.
Herr Jesus Christus,...
Geist vom Vater und vom Sohn,...

4. Die Sonntage im Jahreskreis

2. SONNTAG: Joh 1,29
In jener Zeit sah Johannes der Täufer Jesus auf sich zukommen und sagte: Seht, das Lamm Gottes, das die Sünde der Welt hinwegnimmt.
Herr Jesus Christus,...
Du nimmst hinweg die Sünde der Welt,...

3. SONNTAG: Mt 4,12b.14.16
Jesus zog sich nach Galiläa zurück. Denn es sollte sich erfüllen, was durch den Propheten Jesaja gesagt worden ist: Das Volk, das im Dunkel lebte, hat ein helles Licht gesehen; denen, die im Schattenreich des Todes wohnten, ist ein Licht erschienen.
Herr Jesus Christus,...
Im Dunkel das Licht,...

4. SONNTAG: Mt 5,5.7
Selig, die keine Gewalt anwenden; denn sie werden das Land erben. Selig die Barmherzigen, denn sie werden Erbarmen finden.

Herr Jesus Christus,...
Du bist die Norm,...

5. SONNTAG: Mt 5,14a.15-16
Ihr seid das Licht der Welt. Man zündet nicht ein Licht an und stülpt ein Gefäß darüber, sondern man stellt es auf den Leuchter; dann leuchtet es allen im Haus. So soll euer Licht vor den Menschen leuchten, damit sie eure guten Werke sehen und euren Vater im Himmel preisen.
Herr Jesus Christus,...
Mach du mich licht,...

6. SONNTAG: Mt 5,20
Ich sage euch: Wenn eure Gerechtigkeit nicht weit größer ist als die der Schriftgelehrten und Pharisäer, werdet ihr nicht in das Himmelreich kommen.
Herr Jesus Christus,...
Nur du kannst mich gut machen,...

7. SONNTAG: Mt 5,39b-40
Wenn dich einer auf die rechte Wange schlägt, dann halte ihm auch die andere hin. Und wenn dich einer vor Gericht bringen will, um dir das Hemd wegzunehmen, dann laß ihm auch den Mantel.
Herr Jesus Christus,...
Reaktionslos gut wie du,...

8. SONNTAG: Mt 6,32-33
Um all das geht es den Heiden. Euer himmlischer Vater weiß, daß ihr das alles braucht. Euch aber muß es zuerst um sein Reich und um seine Gerechtigkeit gehen; dann wird euch alles andere dazugegeben.
Herr Jesus Christus,...
Der Vater wird sorgen,...

9. SONNTAG: Mt 7,24-25a.c
Wer diese meine Worte hört und danach handelt, ist wie ein kluger Mann, der sein Haus auf Fels baute. Als nun ein Wolkenbruch kam und die Wassermassen heranfluteten ... da stürzte es nicht ein; denn es war auf Fels gebaut.

Herr Jesus Christus,...
Auf dein Wort baue ich,...

10. SONNTAG: Mt 9,11b-12.13b
Die Pharisäer sagten zu den Jüngern: Wie kann euer Meister zusammen mit Zöllnern und Sündern essen? Er hörte es und sagte: Nicht die Gesunden brauchen den Arzt, sondern die Kranken. Ich bin gekommen, um die Sünder zu rufen, nicht die Gerechten.

Herr Jesus Christus,...
Du rufst die Sünder,...

11. SONNTAG: Mt 10.1.5a.7-8a
Jesus rief seine zwölf Jünger zu sich und gab ihnen die Vollmacht, die unreinen Geister auszutreiben und alle Krankheiten und Leiden zu heilen. Diese Zwölf sandte Jesus aus und gebot ihnen: Geht und verkündet: Das Himmelreich ist nahe. Heilt Kranke, weckt Tote auf, macht Aussätzige rein, treibt Dämonen aus!

Herr Jesus Christus,...
Du gibst Gaben und Aufgaben,...

12. SONNTAG: Mt 10,32-33
Wer sich nun vor den Menschen zu mir bekennt, zu dem werde auch ich mich vor meinem Vater im Himmel bekennen. Wer mich aber vor den Menschen verleugnet, den werde auch ich vor meinem Vater im Himmel verleugnen.

Herr Jesus Christus,...
Du mein Beistand im Gericht,...

13. SONNTAG: Mt 10,40.42
Wer euch aufnimmt, der nimmt mich auf, und wer mich aufnimmt, nimmt den auf, der mich gesandt hat. Und wer einem von diesen Kleinen auch nur einen Becher frisches Wasser zu trinken gibt, weil es ein Jünger ist – amen, ich sage euch: Er wird gewiß nicht um seinen Lohn kommen.

Herr Jesus Christus,...
Dir zu Diensten in den Deinen,...

14. SONNTAG: Mt 11,27
Mir ist von meinem Vater alles übergeben worden; niemand kennt den Sohn, nur der Vater, und niemand kennt den Vater, nur der Sohn und der, dem es der Sohn offenbaren will.

Herr Jesus Christus,...
Laß mich den Vater erkennen,...

15. SONNTAG: Mt 13,3b-4.7-8
Jesus sagte: Ein Sämann ging aufs Feld, um zu säen. Als er säte, fiel ein Teil der Körner auf den Weg, und die Vögel kamen und fraßen sie. Wieder ein anderer Teil fiel in die Dornen, und die Dornen wuchsen und erstickten die Saat. Ein anderer Teil schließlich fiel auf guten Boden und brachte Frucht, teils hundertfach, teils sechzigfach, teils dreißigfach.

Herr Jesus Christus,...
Dein Wort wird es schaffen,...

16. SONNTAG: Mt 13,28b-30a
Da sagten die Knechte (zum Gutsherrn): Sollen wir gehen und (das Unkraut) ausreißen? Er entgegnete: Nein, sonst reißt ihr zusammen mit dem Unkraut auch den Weizen aus. Laßt beides wachsen bis zur Ernte.

Herr Jesus Christus,...
Du erträgst das Böse,...

17. SONNTAG: Mt 13,44
Mit dem Himmelreich ist es wie mit einem Schatz, der in einem Acker vergraben war. Ein Mann entdeckte ihn, grub ihn aber wieder ein. Und in seiner Freude verkaufte er alles, was er besaß, und kaufte den Acker.

Herr Jesus Christus,...
Du machst mich froh,...

18. SONNTAG: Mt 14,19b-20a
Jesus nahm die fünf Brote und die zwei Fische, blickte zum Himmel auf, sprach den Lobpreis, brach die Brote und gab sie den Jüngern; die Jünger aber gaben sie den Leuten, und alle aßen und wurden satt.

Herr Jesus Christus,...
Du sättigst die Hungernden,...

19. SONNTAG: Mt 14,29-31
Jesus sagte: Komm! Da stieg Petrus aus dem Boot und ging über das Wasser auf Jesus zu. Als er aber sah, wie heftig der Wind war, bekam er Angst und begann unterzugehen. Er schrie: Herr, rette mich! Jesus streckte sofort die Hand aus, ergriff ihn und sagte zu ihm: Du Kleingläubiger, warum hast du gezweifelt?

Herr Jesus Christus,...
Herr, rette mich,...

20. SONNTAG: Mt 15,26-28
Jesus sagte: Es ist nicht recht, das Brot den Kindern wegzunehmen und den Hunden vorzuwerfen. Da entgegnete (die kanaanäische Frau): Ja, du hast recht, Herr! Aber selbst die Hunde bekommen von den Brotresten, die vom Tisch ihrer Herren fallen. Darauf antwortete ihr Jesus: Frau, dein Glaube ist groß. Was du willst, soll geschehen. Und von dieser Stunde an war ihre Tochter geheilt.

Herr Jesus Christus,...
Du erbarmst dich aller,...

21. SONNTAG: Mt 16,13b.15b-17
Jesus fragte seine Jünger: Ihr aber, für wen haltet ihr mich? Simon Petrus antwortete: Du bist der Messias, der Sohn des lebendigen Gottes! Jesus sagte zu ihm: Selig bist du, Simon Barjona; denn nicht Fleisch und Blut haben dir das offenbart, sondern mein Vater im Himmel.
Herr Jesus Christus,...
Der Vater hat es offenbart,...

22. SONNTAG: Mt 16,24-25
Jesus sagte zu seinen Jüngern: Wer mein Jünger sein will, der verleugne sich selbst, nehme sein Kreuz auf sich und folge mir nach. Denn wer sein Leben retten will, wird es verlieren; wer aber sein Leben um meinetwillen verliert, wird es gewinnen.
Herr Jesus Christus,...
Durch Leiden zum Leben,...

23. SONNTAG: Mt 18,19b-20
Alles, was zwei von euch auf Erden gemeinsam erbitten, werden sie von meinem himmlischen Vater erhalten. Denn wo zwei oder drei in meinem Namen versammelt sind, da bin ich mitten unter ihnen.
Herr Jesus Christus,...
Du willst in unserer Mitte sein,...

24. SONNTAG: Mt 18, 32-34
Der König ließ seinen Schuldner rufen und sagte zu ihm: Du elender Diener! Deine ganze Schuld habe ich dir erlassen, weil du mich so angefleht hast. Hättest nicht auch du mit jenem, der gemeinsam mit dir in meinem Dienst steht, Erbar-

men haben müssen, so wie ich mit dir Erbarmen hatte? Und in seinem Zorn übergab ihn der Herr den Folterknechten, bis er die ganze Schuld bezahlt habe.

Herr Jesus Christus,...

Wie auch wir vergeben unseren Schuldnern,...

25. SONNTAG: Mt 20,9-11.13.15b

Da kamen die Männer, die der Gutsbesitzer um die elfte Stunde angeworben hatte, und jeder erhielt einen Denar. Als dann die ersten an der Reihe waren, glaubten sie, mehr zu bekommen. Aber auch sie erhielten nur einen Denar. Da begannen sie, über den Gutsherrn zu murren. Da erwiderte er einem von ihnen: Mein Freund, dir geschieht kein Unrecht. Hast du nicht einen Denar mit mir vereinbart? Bist du neidisch, weil ich zu anderen gütig bin?

Herr Jesus Christus,...

Der gerecht ist in Güte,...

26. SONNTAG: Mt 21,28b-31a

Ein Mann ... sagte: Mein Sohn, geh und arbeite heute im Weinberg. Er antwortete: Ja, Herr!, ging aber nicht. Da wandte er sich an den zweiten Sohn und sagte zu ihm dasselbe. Dieser antwortete: Ich will nicht. Später aber reute es ihn, und er ging doch. Wer von den beiden hat den Willen seines Vaters erfüllt?

Herr Jesus Christus,...

Der Wille Gottes – ich kann noch beginnen,...

27. SONNTAG: Mt 21,38a.39-41

Als die Winzer den Sohn sahen, sagten sie zueinander: Das ist der Erbe. Und sie packten ihn, warfen ihn aus dem Weinberg hinaus und brachten ihn um. Wenn nun der Besitzer des Weinbergs kommt: Was wird er mit solchen Winzern tun? Sie sagten zu ihm: Er wird diesen bösen Menschen ein böses Ende bereiten und den Weinberg an andere Winzer verpachten, die ihm die Früchte abliefern, wenn es Zeit dafür ist.

Herr Jesus Christus,...
Du forderst Früchte ein,

28. SONNTAG: Mt 22,10-12
Die Diener gingen auf die Straße hinaus und holten alle zusammen, die sie trafen, Böse und Gute, und der Festsaal füllte sich mit Gästen. Als ... der König eintrat, um sich die Gäste anzusehen, bemerkte er unter ihnen einen Mann, der kein Hochzeitsgewand anhatte. Er sagte zu ihm: Mein Freund, wie konntest du hier ohne Hochzeitsgewand erscheinen? Darauf wußte der Mann nichts zu sagen.

Herr Jesus Christus,...
Gib du mir das Festgewand,...

29. SONNTAG: Mt 22,21b
Jesus sagte: Gebt dem Kaiser, was dem Kaiser gehört, und Gott, was Gott gehört!

Herr Jesus Christus,...
Gott geben, was Gott gebührt,...

30. SONNTAG: Mt 22,35b-39
Ein Gesetzeslehrer fragte Jesus: Meister, welches Gebot im Gesetz ist das wichtigste? Er antwortete ihm: Du sollst den Herrn, deinen Gott, lieben mit ganzem Herzen, mit ganzer Seele und mit all deinen Gedanken. Das ist das wichtigste und erste Gebot. Ebenso wichtig ist das zweite: Du sollst deinen Nächsten lieben wie dich selbst.

Herr Jesus Christus,...
Du hast uns in Gott geliebt,...

31. SONNTAG: Mt 23,8.10
Ihr sollt euch nicht Rabbi nennen lassen; denn nur einer ist euer Meister, ihr alle aber seid Brüder. Auch sollt ihr euch nicht Lehrer nennen lassen; denn nur einer ist euer Lehrer, Christus.

Herr Jesus Christus,...
Du mein einziger Lehrer,

32. SONNTAG: Mt 25,1-2.4
Mit dem Himmelreich wird es sein wie mit zehn Jungfrauen, die ihre Lampen nahmen und dem Bräutigam entgegengingen. Fünf von ihnen waren töricht, und fünf waren klug. Die klugen nahmen außer den Lampen noch Öl in Krügen mit.

Herr Jesus Christus,...
Bereit und gerüstet für dich,...

33. SONNTAG: Mt 25,19-21
Nach langer Zeit kehrte der Herr zurück, um von den Dienern Rechenschaft zu verlangen. Da kam der, der die fünf Talente erhalten hatte, brachte fünf weitere und sagte: Herr, fünf Talente hast du mir gegeben; sieh her, ich habe noch fünf dazugewonnen. Sein Herr sagte zu ihm: Sehr gut, du bist ein tüchtiger und treuer Diener. Du bist im Kleinen ein treuer Verwalter gewesen... Komm, nimm teil an der Freude deines Herrn!

Herr Jesus Christus,...
Du willst meinen Dienst,...

Letzter Sonntag
CHRISTKÖNIGSSONNTAG: Mt 25,31.34.40b
Wenn der Menschensohn in seiner Herrlichkeit kommt und alle Engel mit ihm, dann wird er sich auf den Thron seiner Herrlichkeit setzen. Dann wird der König denen auf der rechten Seite sagen: Kommt her ... nehmt das Reich in Besitz, das seit

der Erschaffung der Welt für euch bestimmt ist... Amen, ich sage euch: Was ihr für einen meiner geringsten Brüder getan habt, das habt ihr mir getan.

Herr Jesus Christus,...
Der Bruder der Notleidenden als Weltenrichter,...

5. Hochfeste und Herrenfeste im Jahreskreis

2. Februar
DARSTELLUNG DES HERRN: Lk 2,28b-31
Simeon... pries Gott mit den Worten: Nun läßt du, Herr, deinen Knecht, wie du gesagt hast, in Frieden scheiden. Denn meine Augen haben das Heil gesehen, das du vor allen Völkern bereitet hast.

Herr Jesus Christus,...
Meine Augen haben das Heil gesehen,...

Sonntag nach Pfingsten
DREIFALTIGKEITSSONNTAG: Joh 3,16-17
Gott hat die Welt so geliebt, daß er seinen einzigen Sohn hingab, damit jeder, der an ihn glaubt, nicht zugrunde geht, sondern das ewige Leben hat. Denn Gott hat seinen Sohn nicht in die Welt gesandt, damit er die Welt richte, sondern damit die Welt durch ihn gerettet wird.

Herr Jesus Christus,...
Dahingegeben gibst du dich hin,...

Donnerstag der 2. Woche nach Pfingsten
HOCHFEST DES LEIBES UND BLUTES CHRISTI
FRONLEICHNAM: Joh 6,51
Ich bin das lebendige Brot, das vom Himmel herabgekommen ist. Wer von diesem Brot ißt, wird in Ewigkeit leben. Das Brot, das ich geben

werde, ist mein Fleisch, ich gebe es hin für das Leben der Welt.

Herr Jesus Christus,...
Du Brot des Lebens,...

24. Juni
GEBURT DES HL. JOHANNES DES TÄUFERS: Lk 1,57-58.80a

Für Elisabet kam die Zeit der Niederkunft, und sie brachte einen Sohn zur Welt. Ihre Nachbarn und Verwandten hörten ,welch großes Erbarmen der Herr ihr erwiesen hatte, und freuten sich mit ihr. Das Kind wuchs heran, und sein Geist wurde stark.

Herr Jesus Christus,...
Gott erbarmt sich unser,...

29. Juni
HL. PETRUS UND HL. PAULUS, APOSTEL: Mt 16,18

Ich aber sage dir. Du bist Petrus, der Fels, und auf diesen Felsen werde ich meine Kirche bauen, und die Mächte der Unterwelt werden sie nicht überwältigen.

Herr Jesus Christus,...
Du baust deine Kirche,...

6. August
VERKLÄRUNG DES HERRN: Mt 17,1-2

Jesus nahm Petrus, Jakobus und dessen Bruder Johannes beiseite und führte sie auf einen hohen Berg. Und er wurde vor ihren Augen verwandelt; sein Gesicht leuchtete wie die Sonne, und seine Kleider wurden blendend weiß wie das Licht.

Herr Jesus Christus,...
Dein Gesicht leuchtet wie die Sonne,...

15. August

MARIÄ AUFNAHME IN DEN HIMMEL: Lk 1,46-48

Da sagte Maria: Meine Seele preist die Größe des Herrn, und mein Geist jubelt über Gott, meinen Retter. Denn auf die Niedrigkeit seiner Magd hat er geschaut. Siehe, von nun an preisen mich selig alle Geschlechter.

Herr Jesus Christus,...
Der die Niedrigen erhöht,...

14. September

KREUZERHÖHUNG: Joh 3,14-16

Und wie Mose die Schlange in der Wüste erhöht hat, so muß der Menschensohn erhöht werden, damit jeder, der an ihn glaubt, in ihm das ewige Leben hat. Denn Gott hat die Welt so sehr geliebt, daß er seinen einzigen Sohn hingab, damit jeder, der an ihn glaubt, nicht zugrunde geht, sondern das ewige Leben hat.

Herr Jesus Christus,...
Hingegeben und erhöht,...

1. November

ALLERHEILIGEN: Mt 5,6.10

Selig, die hungern und dürsten nach der Gerechtigkeit; denn sie werden satt werden. Selig, die um der Gerechtigkeit willen verfolgt werden; denn ihnen gehört das Himmelreich.

Herr Jesus Christus,...
Alle Heiligen offenbaren dich,...

JAHRESGEDÄCHTNIS EINER KIRCHWEIHE: Joh 2,19-21

Jesus antwortete (den Juden): Reißt diesen Tempel nieder, in drei Tagen werde ich ihn wieder aufrichten. Da sagten die Juden: Sechsundvierzig Jahre wurde an diesem Tempel gebaut, und du willst ihn in drei Tagen wieder aufrichten? Er aber meinte den Tempel seines Leibes.

Herr Jesus Christus,...
Unser Tempel bist du,...

PATRONATSFEST DER PFARRGEMEINDE: Mt 18,20

Denn wo zwei oder drei in meinem Namen versammelt sind, da bin ich mitten unter ihnen.

Herr Jesus Christus,...
Du bist mitten unter uns,...

LESEJAHR B
Das Markusjahr

1. Advents- und Weihnachtszeit

1. ADVENTSSONNTAG: Mk 13,34
Es ist wie mit einem Mann, der sein Haus verließ, um auf Reisen zu gehen: Er übertrug alle Verantwortung seinen Dienern, jedem eine bestimmte Aufgabe; dem Türhüter befahl er, wachsam zu sein.

Herr Jesus Christus,...
Wachen und wirken für dich,...

2. ADVENTSSONNTAG: Mk 1,3
Eine Stimme ruft in der Wüste: Bereitet dem Herrn den Weg! Ebnet ihm die Straßen!

Herr Jesus Christus,...
Bereit sein für dich,...

3. ADVENTSSONNTAG: Joh 1,26-27a
(Johannes sagte:) Ich taufe mit Wasser. Mitten unter euch steht der, den ihr nicht kennt und der nach mir kommt.

Herr Jesus Christus,...
Schon bist du unter uns,...

4. ADVENTSSONNTAG: Lk 1,35
Der Engel sagte (zu Maria): Der Heilige Geist wird über dich kommen, und die Kraft des Höchsten wird dich überschatten. Deshalb wird auch das Kind heilig und Sohn Gottes genannt werden.

Herr Jesus Christus,...
Empfangen vom Heiligen Geiste,...

HOCHFEST DER GEBURT DES HERRN - WEIHNACHTEN

Am Heiligen Abend: Mt 1,1.17

Stammbaum Jesu Christi, des Sohnes Davids, des Sohnes Abrahams: Im ganzen sind es von Abraham bis David vierzehn Generationen, von David bis zur Babylonischen Gefangenschaft vierzehn Generationen und von der Babylonischen Gefangenschaft bis zu Christus vierzehn Generationen.

Herr Jesus Christus,...
Du stehst vor der Tür und klopfst an,...

In der Heiligen Nacht: Lk 2,10-11

Der Engel sagte zu ihnen: Fürchtet euch nicht, denn ich verkünde euch eine große Freude, die dem ganzen Volk zuteil werden soll: Heute ist euch in der Stadt Davids der Retter geboren; er ist der Messias, der Herr.

Herr Jesus Christus,...
Heute ist uns der Retter geboren,...

Am Morgen: Lk 2,15b-16

Die Hirten sagten zueinander: Kommt, wir gehen nach Betlehem, um das Ereignis zu sehen, das uns der Herr verkünden ließ. So eilten sie hin und fanden Maria und Josef und das Kind, das in der Krippe lag.

Herr Jesus Christus,...
Im Futtertrog und am Galgen,...

Am Tag: Joh 1,14a.16

Und das Wort ist Fleisch geworden und hat unter uns gewohnt. Aus seiner Fülle haben wir alle empfangen, Gnade über Gnade.

Herr Jesus Christus,...
Du Gotteswort, das Fleisch geworden,...

Sonntag in der Weihnachtsoktav
FEST DER HEILIGEN FAMILIE: Lk 2,28-32
Simeon... pries Gott mit den Worten: Nun läßt du, Herr, deinen Knecht, wie du gesagt hast, in Frieden scheiden. Denn meine Augen haben das Heil gesehen, das du vor allen Völkern bereitet hast, ein Licht, das die Heiden erleuchtet, und Herrlichkeit für dein Volk Israel.

Herr Jesus Christus,...
Meine Augen haben dein Heil gesehen,...

31. Dezember (und 1. Januar)
VORABEND VON NEUJAHR (UND NEUJAHR): Joh 1,1-2
Im Anfang war das Wort, und das Wort war bei Gott, und das Wort war Gott. Im Anfang war es bei Gott.

Herr Jesus Christus,...
Du Anfang und Ende von allem,...

Oktavtag von Weihnachten
HOCHFEST DER GOTTESMUTTER MARIA: Lk 2,21
Als acht Tage vorüber waren und das Kind beschnitten werden sollte, gab man ihm den Namen Jesus, den der Engel genannt hatte, noch ehe das Kind im Schoß seiner Mutter empfangen wurde.

Herr Jesus Christus,...
Geboren aus Maria, der Jungfrau,...

2. SONNTAG NACH WEIHNACHTEN: Joh 1,14
Und das Wort ist Fleisch geworden und hat unter uns gewohnt, und wir haben seine Herrlichkeit gesehen, die Herrlichkeit des einzigen Sohnes vom Vater, voll Gnade und Wahrheit.

Herr Jesus Christus,...
Voll Gnade und Wahrheit,...

6. Januar
ERSCHEINUNG DES HERRN: Mt 2,1-2
Als Jesus zur Zeit des Königs Herodes in Betlehem in Judäa geboren worden war, kamen Sterndeuter aus dem Osten nach Jerusalem und fragten: Wo ist der neugeborene König der Juden? Wir haben seinen Stern aufgehen sehen und sind gekommen, um ihm zu huldigen.

Herr Jesus Christus,...
Du bist erschienen aller Welt,...

Sonntag nach dem 6. Januar
TAUFE DES HERRN: Mk 1,9-11
In jenen Tagen kam Jesus aus Nazaret in Galiläa und ließ sich von Johannes im Jordan taufen. Und als er aus dem Wasser stieg, sah er, daß der Himmel sich öffnete und der Geist wie eine Taube auf ihn herabkam. Und eine Stimme aus dem Himmel sprach: Du bist mein geliebter Sohn, an dir habe ich Gefallen gefunden.

Herr Jesus Christus,...
Dem Vater wohlgefällig,...

2. Die österliche Bußzeit (Die Fastenzeit)

ASCHERMITTWOCH: Mt 6,1
Hütet euch, eure Gerechtigkeit vor den Menschen zur Schau zu stellen; sonst habt ihr keinen Lohn von eurem Vater im Himmel zu erwarten.

Herr Jesus Christus,...
Heute will ich deine Stimme hören,...

1. FASTENSONNTAG: Mk 1,12-13
Der Geist trieb Jesus in die Wüste. Dort blieb Jesus vierzig Tage lang und wurde vom Satan in Versuchung geführt. Er lebte bei den wilden Tieren, und die Engel dienten ihm.

Herr Jesus Christus,...
Die Wüste dein Paradies,...

2. FASTENSONNTAG: Mk 9,2-3.7
Jesus nahm Petrus, Jakobus und Johannes beiseite und führte sie auf einen hohen Berg, aber nur sie allein. Und er wurde vor ihren Augen verwandelt; seine Kleider wurden strahlend weiß, so weiß, wie sie auf Erden kein Bleicher machen kann. Da kam eine Wolke und warf ihren Schatten auf sie, und aus der Wolke rief eine Stimme: Das ist mein geliebter Sohn; auf ihn sollt ihr hören.

Herr Jesus Christus,...
Auf dich will ich hören,...

3. FASTENSONNTAG: Joh 2,19-21
Jesus sagte (zu den Juden): Reißt diesen Tempel nieder, in drei Tagen werde ich ihn wieder aufrichten. Da sagten die Juden: Sechsundvierzig Jahre wurde an diesem Tempel gebaut, und du willst ihn in drei Tagen wieder aufrichten? Er meinte aber den Tempel seines Leibes.

Herr Jesus Christus,...
Du Tempel Gottes,...

4. FASTENSONNTAG: Joh 3,16
Gott hat die Welt so sehr geliebt, daß er seinen einzigen Sohn hingab, damit jeder, der an ihn glaubt, nicht zugrunde geht, sondern das ewige Leben hat.

Herr Jesus Christus,...
Dahingegeben vom Vater,...

5. FASTENSONNTAG: Joh 12,23-24
Jesus (sagte): Die Stunde ist gekommen, daß der Menschensohn verherrlicht wird. Amen, amen, ich sage euch: Wenn das Weizenkorn nicht in die

Erde fällt und stirbt, bleibt es allein; wenn es aber stirbt, bringt es reiche Frucht.

Herr Jesus Christus,…

Das Weizenkorn muß sterben,…

PALMSONNTAG – Einzug Jesu: Mk 11,9-10

Die Leute, die vor ihm hergingen und die ihm folgten, riefen: Hosanna! Gesegnet sei er, der kommt im Namen des Herrn! Gesegnet sei das Reich unseres Vaters David, das nun kommt. Hosanna in der Höhe!

Herr Jesus Christus,…

Du kommst im Namen Gottes,…

GRÜNDONNERSTAG: Joh 13,1.3a.5

Es war vor dem Paschafest. Jesus wußte, daß seine Stunde gekommen war, um aus dieser Welt zum Vater hinüberzugehen. Da er die Seinen, die in der Welt waren, liebte, erwies er ihnen seine Liebe bis zur Vollendung. Jesus, der wußte, daß ihm der Vater alles in die Hand gegeben hatte … goß Wasser in eine Schüssel und begann, den Jüngern die Füße zu waschen und mit dem Leinentuch abzutrocknen, mit dem er umgürtet war.

Herr Jesus Christus,…

Der uns geliebt hat bis ans Ende,…

KARFREITAG: Joh 19,19-20

Pilatus ließ auch ein Schild anfertigen und oben am Kreuz befestigen; die Inschrift lautete: Jesus von Nazaret, der König der Juden. Dieses Schild lasen viele Juden, weil der Platz, wo Jesus gekreuzigt wurde, nahe bei der Stadt lag. Die Inschrift war hebräisch, lateinisch und griechisch abgefaßt.

Herr Jesus Christus,…

Du herrschest als Gott vom Kreuze her,…

KARSAMSTAG: Mk 15,34b
Jesus rief mit lauter Stimme: Mein Gott, mein Gott, warum hast du mich verlassen!

Herr Jesus Christus,...
Gottverlassen bei den Verlorenen,...

3. Die Osterzeit

HOCHFEST DER AUFERSTEHUNG DES HERRN
OSTERSONNTAG
Die Feier der Osternacht: Mk 16,6
Der Engel sagte (zu den Frauen): Erschreckt nicht! Ihr sucht Jesus von Nazaret, den Gekreuzigten. Er ist auferstanden; er ist nicht hier. Seht, da ist die Stelle, wo man ihn hingelegt hatte.

Herr Jesus Christus,...
Du Fürst des Lebens,...

Am Tag: Joh 20,3-4.8
Da gingen Petrus und der andere Jünger hinaus und kamen zum Grab; sie liefen beide zusammen dorthin, aber weil der andere Jünger schneller war als Petrus, kam er als erster ans Grab. Er ging... hinein; er sah und glaubte.

Herr Jesus Christus,...
Du bist vom Tod erstanden,...

OSTERMONTAG: Lk 24,28b-31
Jesus tat, als wolle er weitergehen, aber sie drängten ihn und sagten: Bleib doch bei uns; denn es wird bald Abend, der Tag hat sich schon geneigt. Da ging er mit hinein, um bei ihnen zu bleiben. Und als er mit ihnen bei Tisch war, nahm er das Brot, sprach den Lobpreis, brach das Brot und gab es ihnen. Da gingen ihnen die Augen auf, und sie erkannten ihn; dann sahen sie ihn nicht mehr.

Herr Jesus Christus,...
Bleibe bei uns, Herr,...

2. Sonntag der Osterzeit
WEISSER SONNTAG: Joh 20,27-28
Jesus sagte zu Thomas: Streck deinen Finger aus – hier sind meine Hände! Streck deine Hand aus und leg sie in meine Seite, und sei nicht ungläubig, sondern gläubig! Thomas antwortete ihm: Mein Herr und mein Gott!

Herr Jesus Christus,...
Mein Herr und mein Gott,...

3. SONNTAG DER OSTERZEIT:
Lk 24,36b-38
Jesus trat in ihre Mitte und sagte zu den Jüngern: Friede sei mit euch! Sie erschraken und hatten große Angst, denn sie meinten, einen Geist zu sehen. Da sagte er zu ihnen: Was seid ihr so bestürzt? Warum laßt ihr in eurem Herzen solche Zweifel aufkommen?

Herr Jesus Christus,...
Du bist mitten unter uns,...

4. SONNTAG DER OSTERZEIT: Joh 10,14-15
Ich bin der gute Hirt; ich kenne die Meinen, und die Meinen kennen mich, wie mich der Vater kennt und ich den Vater kenne; und ich gebe mein Leben hin für die Schafe.

Herr Jesus Christus,...
Du kennst die Deinen,...

5. SONNTAG DER OSTERZEIT: Joh 15,5
Ich bin der Weinstock, ihr seid die Reben. Wer in mir bleibt und in wem ich bleibe, der bringt reiche Frucht; denn getrennt von mir könnt ihr nichts vollbringen.

Herr Jesus Christus,...
In dir bleiben und Frucht bringen,...

6. SONNTAG DER OSTERZEIT: Joh 15,15
Ich nenne euch nicht mehr Knechte; denn der Knecht weiß nicht, was sein Herr tut. Vielmehr habe ich euch Freunde genannt; denn ich habe euch alles mitgeteilt, was ich von meinem Vater gehört habe.

Herr Jesus Christus,...
Du hast mich Freund genannt,...

CHRISTI HIMMELFAHRT: MK 16,15.19-20
Jesus sprach zu den Elf: Geht hinaus in die ganze Welt, und verkündet das Evangelium allen Geschöpfen! Nachdem Jesus, der Herr, dies zu ihnen gesagt hatte, wurde er in den Himmel aufgenommen und setzte sich zur Rechten Gottes. Sie aber zogen aus und predigten überall. Der Herr stand ihnen bei und bekräftigte die Verkündigung durch die Zeichen, die er geschehen ließ.

Herr Jesus Christus,...
Du sitzest zur Rechten Gottes,...

7. SONNTAG DER OSTERZEIT: Joh 17,13.16
(Jesus sprach: Vater), jetzt gehe ich zu dir. Doch dies rede ich noch in der Welt, damit sie meine Freude in Fülle in sich haben. Sie sind nicht von der Welt, wie auch ich nicht von der Welt bin.

Herr Jesus Christus,...
Deine Freude in uns,...

PFINGSTEN
Am Vorabend: Joh 7,37b-39
Jesus rief: Wer Durst hat, komme zu mir, und es trinke, wer an mich glaubt... Aus seinem Inneren werden Ströme von lebendigem Wasser fließen. Damit meinte er den Geist, den alle empfangen

sollten, die an ihn glauben; denn der Geist war noch nicht gegeben, weil Jesus noch nicht verherrlicht war.

Herr Jesus Christus,...
Komm, Heiliger Geist,...

Am Tag: Joh 20,19.21b-22
Am Abend des ersten Tages der Woche, als die Jünger aus Furcht vor den Juden die Türen verschlossen hatten, kam Jesus, trat in ihre Mitte und sagte zu ihnen: Friede sei mit euch! Wie mich der Vater gesandt hat, so sende ich euch. Nachdem er das gesagt hatte, hauchte er sie an und sprach zu ihnen: Empfangt den Heiligen Geist!

Herr Jesus Christus,...
Du gabst uns den Geist,...

PFINGSTMONTAG: Lk 10,21
In jener Stunde rief Jesus, vom Heiligen Geist erfüllt, voll Freude aus: Ich preise dich, Vater, Herr des Himmels und der Erde, weil du all das den Weisen und Klugen verborgen, den Unmündigen aber offenbart hast. Ja, Vater, so hat es dir gefallen.

Herr Jesus Christus,...
Vom Heiligen Geist erfüllt, preist du den Vater – wie damals so jetzt und in alle Ewigkeit,...

4. Die Sonntage im Jahreskreis

2. SONNTAG: Joh 1,35-37
Johannes stand am Jordan, wo er taufte, und zwei seiner Jünger standen bei ihm. Als Jesus vorüberging, richtete Johannes seinen Blick auf ihn und sagte: Seht, das Lamm Gottes! Die beiden Jünger hörten, was er sagte, und folgten Jesus.

Herr Jesus Christus,...
Du Gotteslamm,...

3. SONNTAG: Mk 1,17a.18
(Jesus) sagte zu (Simon und Andreas): Kommt her, folgt mir nach! Sogleich ließen sie ihre Netze liegen und folgten ihm:
Herr Jesus Christus,...
Du rufst – ich folge,...

4. SONNTAG: Mk 1,21-22
In Kafarnaum ging Jesus am Sabbat in die Synagoge und lehrte. Und die Menschen waren sehr betroffen von seiner Lehre; denn er lehrte sie wie einer, der göttliche Vollmacht hat, nicht wie die Schriftgelehrten.
Herr Jesus Christus,...
Du lehrst mit Vollmacht,...

5. SONNTAG: Mk 1,32-34
Am Abend, als die Sonne untergegangen war, brachte man alle Kranken und Besessenen zu Jesus. Die ganze Stadt war vor der Haustür versammelt, und er heilte viele, die an allen möglichen Krankheiten litten, und trieb viele Dämonen aus. Und er verbot den Dämonen zu reden; denn sie wußten, wer er war.
Herr Jesus Christus,...
Du heilst und befreist,...

6. SONNTAG: Mk 1,40-42
Ein Aussätziger kam zu Jesus und bat ihn um Hilfe; er fiel vor ihm auf die Knie und sagte: Wenn du willst, kannst du machen, daß ich rein werde. Jesus hatte Mitleid mit ihm; er streckte die Hand aus, berührte ihn und sagte: Ich will es – werde rein! Im gleichen Augenblick verschwand der Aussatz, und der Mann war rein.

Herr Jesus Christus,...
Du kannst mich rein machen,...

7. SONNTAG: Mk 2,3-5
Da brachte man einen Gelähmten zu Jesus; er wurde von vier Männern getragen. Weil sie ihn aber wegen der vielen Leute nicht bis zu Jesus bringen konnten, deckten sie dort, wo Jesus war, das Dach ab, schlugen die Decke durch und ließen den Gelähmten auf seiner Tragbahre durch die Öffnung hinab. Als Jesus ihren Glauben sah, sagte er zu dem Gelähmten: Mein Sohn, deine Sünden sind dir vergeben!
Herr Jesus Christus,...
Meine Sünden sind mir vergeben,...

8. SONNTAG: Mk 2,18-19
Da die Jünger des Johannes und die Pharisäer zu fasten pflegten, kamen Leute zu Jesus und sagten: Warum fasten deine Jünger nicht, während die Jünger des Johannes und die Jünger der Pharisäer fasten? Jesus antwortete ihnen: Können denn die Hochzeitsgäste fasten, solange der Bräutigam bei ihnen ist? Solange der Bräutigam bei ihnen ist, können sie nicht fasten.
Herr Jesus Christus,...
Leben mit dir – ein Fest,...

9. SONNTAG: Mk 2,27-28
Jesus sagte: Der Sabbat ist für den Menschen da, nicht der Mensch für den Sabbat. Deshalb ist der Menschensohn Herr auch über den Sabbat.
Herr Jesus Christus,...
Du sagst, was der Wille des Vaters ist,...

10. SONNTAG: MK 3,32-35
Es saßen viele Leute um Jesus herum, und man sagte zu ihm: Deine Mutter und deine Brüder

stehen draußen und fragen nach dir. Er erwiderte: Wer ist meine Mutter, und wer sind meine Brüder? Und er blickte auf die Menschen, die im Kreis um ihn herumsaßen, und sagte: Das hier sind meine Mutter und meine Brüder. Wer den Willen Gottes erfüllt, der ist für mich Bruder und Schwester und Mutter.

Herr Jesus Christus,...
Ich darf dir Bruder (Schwester) sein,...

11. SONNTAG: Mk 4,31-32
Jesus sagte: Das Reich Gottes gleicht einem Senfkorn. Dieses ist das kleinste von allen Samenkörnern, die man in die Erde sät. Ist es aber gesät, dann geht es auf und wird größer als alle anderen Gewächse und treibt große Zweige, so daß in seinem Schatten die Vögel des Himmels nisten können.

Herr Jesus Christus,...
Unscheinbar und doch mächtig,...

12. SONNTAG: Mk 4,37-39
Es erhob sich ein heftiger Wirbelsturm, und die Wellen schlugen in das Boot, so daß es sich mit Wasser zu füllen begann. Jesus aber lag hinten im Boot auf einem Kissen und schlief. Seine Jünger weckten ihn und riefen: Meister, kümmert es dich nicht, daß wir zugrunde gehen? Da stand er auf, drohte dem Wind und sagte zu dem See: Schweig, sei still! Und der Wind legte sich, und es trat völlige Stille ein.

Herr Jesus Christus,...
Dir gehorchen Wind und Wellen,...

13. SONNTAG: Mk 5,35-36.41-42a
Es kamen Leute, die zum Haus des Synagogenvorstehers gehörten, und sagten zu Jairus: Deine Tochter ist gestorben. Warum bemühst du den

Meister noch länger? Jesus, der diese Worte gehört hatte, sagte zu dem Synagogenvorsteher: Sei ohne Frucht; glaube nur! Er faßte das Kind an der Hand und sagte zu ihm: Talita kum!, das heißt übersetzt: Mädchen, ich sage dir, steh auf! Sofort stand das Mädchen auf und ging umher.

Herr Jesus Christus,...
Du rufst die Toten,...

14. SONNTAG: Mk 6,1b.2a.3-4
Jesus kam in seine Heimatstadt; seine Jünger begleiteten ihn. Am Sabbat lehrte er in der Synagoge. Und die vielen Menschen, die ihm zuhörten, staunten und sagten: Ist das nicht der Zimmermann, der Sohn der Maria und der Bruder von Jakobus, Joses, Judas und Simon? Leben nicht seine Schwestern hier unter uns? Und sie nahmen Anstoß an ihm und lehnten ihn ab. Da sagte Jesus zu ihnen: Nirgends hat ein Prophet so wenig Ansehen wie in seiner Heimat, bei seinen Verwandten und in seiner Familie.

Herr Jesus Christus,...
Verkannt von den Deinen,...

15. SONNTAG: Mk 6,7-9
Jesus rief die Zwölf zu sich und sandte sie aus, jeweils zwei zusammen. Er gab ihnen die Vollmacht, die unreinen Geister auszutreiben, und er gebot ihnen, außer einem Wanderstab nichts auf den Weg mitzunehmen, kein Brot, keine Vorratstasche, kein Geld im Gürtel, kein zweites Hemd und an den Füßen nur Sandalen.

Herr Jesus Christus,...
Alternativ leben wie du,...

16. SONNTAG: Mk 6,31
Jesus sagte zu den Aposteln: Kommt mit an einen einsamen Ort, wo wir allein sind, und ruht ein

wenig aus. Denn sie fanden nicht einmal Zeit zum Essen, so zahlreich waren die Leute, die kamen und gingen.

Herr Jesus Christus,...
Allein sein mit dir,...

17. SONNTAG: Joh 6,10-11
Jesus sagte: Laßt die Leute sich setzen! Es gab dort nämlich viel Gras. Da setzten sie sich; es waren etwa fünftausend Männer. Dann nahm Jesus die Brote, sprach das Dankgebet und teilte an die Leute aus, soviel sie wollten; ebenso machte er es mit den Fischen.

Herr Jesus Christus,...
Du teilst dich aus,...

18. SONNTAG: Joh 6,35
Ich bin das Brot des Lebens; wer zu mir kommt, wird nie mehr hungern, und wer an mich glaubt, wird nie mehr Durst haben.

Herr Jesus Christus,...
Du Brot, das allen Hunger stillt,...

19. SONNTAG: Joh 6,51
Ich bin das lebendige Brot, das vom Himmel herabgekommen ist. Wer von diesem Brot ißt, wird in Ewigkeit leben. Das Brot, das ich geben werde, ist mein Fleisch, ich geb es hin für das Leben der Welt.

Herr Jesus Christus,...
Dein Tod – unser Leben,...

20. SONNTAG: Joh 6,56-57
Wer mein Fleisch ißt und mein Blut trinkt, der bleibt in mir, und ich bleibe in ihm. Wie mich der lebendige Vater gesandt hat und wie ich durch den Vater lebe, so wird jeder, der mich ißt, durch mich leben.

Herr Jesus Christus,...
Ich in dir und du in mir,...

21. SONNTAG: Joh 6,63
(Jesus sagte zu seinen Jüngern:) Der Geist ist es, der lebendig macht; das Fleisch nützt nichts. Die Worte, die ich zu euch gesprochen habe, sind Geist und sind Leben.
Herr Jesus Christus,...
Dein Geist macht lebendig,...

22. SONNTAG: Mk 7,14-15
Jesus rief die Leute... zu sich und sagte: Hört mir alle zu und begreift, was ich sage: Nichts, was von außen in den Menschen hineinkommt, kann ihn unrein machen; sondern was aus dem Menschen herauskommt, das macht ihn unrein.
Herr Jesus Christus,...
Gib mir ein neues Herz,...

23. SONNTAG: Mk 7,32.34b-35
Da brachte man einen Taubstummen zu Jesus und bat ihn, er möge ihn berühren. Er ... sagte zu dem Taubstummen: Effata!, das heißt: Öffne dich! Sogleich öffneten sich seine Ohren, seine Zunge wurde von ihrer Fessel befreit, und er konnte richtig reden.
Herr Jesus Christus,...
Laß mich nicht taub sein und stumm,...

24. SONNTAG: Mk 8,31
Dann begann Jesus, sie darüber zu belehren, der Menschensohn müsse vieles erleiden und von den Ältesten, den Hohenpriestern und den Schriftgelehrten verworfen werden; er werde getötet, aber nach drei Tagen werde er auferstehen.

Herr Jesus Christus,...
Von Menschen verworfen, von Gott erhöht,...

25. SONNTAG: Mk 9,34b-35
Sie hatten unterwegs miteinander darüber gesprochen, wer von ihnen der Größte sei. Da setzte sich Jesus, rief die Zwölf und sagte zu ihnen: Wer der Erste sein will, soll der Letzte von allen und der Diener aller sein.
Herr Jesus Christus,...
Der Erste und der Letzte von allen,...

26. SONNTAG: Mk 9,38-39a.40
Johanns, einer der Zwölf, sagte zu Jesus: Meister, wir haben gesehen, wie jemand in deinem Namen Dämonen austrieb; und wir versuchten, ihn daran zu hindern, weil er uns nicht nachfolgt. Jesus erwiderte: Hindert ihn nicht! Denn wer nicht gegen uns ist, der ist für uns.
Herr Jesus Christus,...
Dein Geist weht, wo er will,...

27. SONNTAG: Mk 10,2a.5a.6-9
Da kamen Pharisäer zu Jesus und fragten: Darf ein Mann seine Frau aus der Ehe entlassen? Jesus entgegnete ihnen: Am Anfang der Schöpfung hat Gott sie als Mann und Frau geschaffen. Darum wird der Mann Vater und Mutter verlassen, und die zwei werden ein Fleisch sein. Sie sind also nicht mehr zwei, sondern eins. Was aber Gott verbunden hat, das darf der Mensch nicht trennen.
Herr Jesus Christus,...
Du lehrst die Schöpfung sehen,...

28. SONNTAG: Mk 10,17.21
In jener Zeit lief ein Mann auf Jesus zu, fiel vor ihm auf die Knie und fragte ihn: Guter Meister,

was muß ich tun, um das ewige Leben zu gewinnen? – Da sah ihn Jesus an, und weil er ihn liebte, sagte er: Eines fehlt dir noch: Geh, verkaufe, was du hast, gib das Geld den Armen, und du wirst einen bleibenden Schatz im Himmel haben; dann komm und folge mir nach!

Herr Jesus Christus,...

Mir fehlt noch viel,...

29. SONNTAG: Mk 10,42a.45

Jesus rief die Jünger zu sich und sagte: ... Der Menschensohn ist nicht gekommen, um sich dienen zu lassen, sondern um zu dienen und sein Leben hinzugeben als Lösegeld für viele.

Herr Jesus Christus,...

Dein Leben und Sterben war Dienst,...

30. SONNTAG: Mk 10,46b.47b.51-52

Ein blinder Bettler, Bartimäus, der Sohn des Timäus, saß an der Straße und rief laut: Sohn Davids, Jesus, hab Erbarmen mit mir! Und Jesus fragte ihn: Was soll ich dir tun? Der Blinde antwortete: Rabbuni, ich möchte wieder sehen können. Da sagte Jesus zu ihm: Geh! Dein Glaube hat dir geholfen. Im gleichen Augenblick konnte er wieder sehen, und er folgte Jesus auf seinem Weg.

Herr Jesus Christus,...

Herr, mach mich sehend,...

31. SONNTAG: Mk 12,28b-31

Ein Schriftgelehrter ging zu Jesus hin und fragte ihn: Welches Gebot ist das erste von allen? Jesus antwortete: Das erste ist: Höre, Israel, der Herr, unser Gott, ist der einzige Herr. Darum sollst du den Herrn, deinen Gott, lieben mit ganzem Herzen und ganzer Seele, mit all deinen Gedanken und all deiner Kraft. Als zweites kommt hinzu: Du sollst deinen Nächsten lieben wie dich selbst.

Kein anderes Gebot ist größer als diese beiden.

Herr Jesus Christus,...

Lehre du mich lieben,...

32. SONNTAG: Mk 12,41a.42.43a.44

Als Jesus einmal im Tempel dem Opferkasten gegenüber saß, kam auch eine arme Witwe und warf zwei kleine Münzen hinein. Er rief seine Jünger zu sich und sagte: ... Sie alle haben nur etwas von ihrem Überfluß hergegeben; diese Frau aber, die kaum das Nötigste zum Leben hat, sie hat alles gegeben, was sie besaß, ihren ganzen Lebensunterhalt.

Herr Jesus Christus,...

Nimm, was ich habe und besitze,...

33. SONNTAG: Mk 13,26-27

Man wird den Menschensohn mit großer Macht und Herrlichkeit auf den Wolken kommen sehen. Und er wird die Engel aussenden und die von ihm Auserwählten aus allen vier Windrichtungen zusammenführen, vom Ende der Erde bis zum Ende des Himmels.

Herr Jesus Christus,...

Du wirst uns sammeln,...

Letzter Sonntag
CHRISTKÖNIGSSONNTAG:
Joh 18,33b.36a.37b

In jener Zeit fragte Pilatus Jesus: Bist du der König der Juden? Jesus antwortete: Mein Königtum ist nicht von dieser Welt. Ich bin dazu geboren und dazu in die Welt gekommen, daß ich für die Wahrheit Zeugnis ablege. Jeder, der aus der Wahrheit ist, hört auf meine Stimme.

Herr Jesus Christus,...

Dein Reich ist nicht von dieser Welt,...

5. Hochfeste und Herrenfeste im Jahreskreis

2. Februar
DARSTELLUNG DES HERRN: Lk 2,28b-31
Simeon ... pries Gott mit den Worten: Nun läßt du, Herr, deinen Knecht, wie du gesagt hast, in Frieden scheiden. Denn meine Augen haben das Heil gesehen, das du vor allen Völkern bereitet hast.

Herr Jesus Christus,...
Meine Augen haben das Heil gesehen,...

Sonntag nach Pfingsten
DREIFALTIGKEITSSONNTAG:
Mt 28,16.18b-20
Die elf Jünger gingen nach Galiläa auf den Berg, den Jesus ihnen genannt hatte. Jesus sagte zu ihnen: Mir ist alle Macht gegeben im Himmel und auf der Erde. Darum geht zu allen Völkern, und macht alle Menschen zu meinen Jüngern; tauft sie auf den Namen des Vaters und des Sohnes und des Heiligen Geistes, und lehrt sie, alles zu befolgen, was ich euch geboten habe. Seid gewiß: Ich bin bei euch alle Tage bis zum Ende der Welt.

Herr Jesus Christus,...
Im Geiste eins mit dem Vater,...

Donnerstag der 2. Woche nach Pfingsten
HOCHFEST DES LEIBES UND BLUTES CHRISTI
FRONLEICHNAM: Mk 14,22-24
Während des Mahles nahm Jesus das Brot und sprach den Lobpreis; dann brach er das Brot, reichte es ihnen und sagte: Nehmt, das ist mein Leib. Dann nahm er den Kelch, sprach das Dankgebet, reichte ihn den Jüngern, und sie tranken alle daraus. Und er sagte zu ihnen: Das ist mein Blut, das Blut des Bundes, das für viele vergossen wird.

Herr Jesus Christus,...
Du bedienst uns und teilst dich aus,...

24. Juni
GEBURT DES HL. JOHANNES DES TÄUFERS: Lk 1,57-58.80a
Für Elisabet kam die Zeit der Niederkunft, und sie brachte einen Sohn zur Welt. Ihre Nachbarn und Verwandten hörten, welch großes Erbarmen der Herr ihr erwiesen hatte, und freuten sich mit ihr. Das Kind wuchs heran, und sein Geist wurde stark.

Herr Jesus Christus,...
Gott erbarmt sich unser,...

29. Juni
HL. PETRUS UND HL. PAULUS, APOSTEL: Mt 16,18
Ich aber sage dir: Du bist Petrus, der Fels, und auf diesem Felsen werde ich meine Kirche bauen und die Mächte der Unterwelt werden sie nicht überwältigen.

Herr Jesus Christus,...
Du baust deine Kirche,...

6. August
VERKLÄRUNG DES HERRN: Mk 9,2-3.7
Jesus nahm Petrus, Jakobus und Johannes beiseite und führte sie auf einen hohen Berg, aber nur sie allein. Und er wurde vor ihren Augen verwandelt; seine Kleider wurden strahlend weiß, so weiß, wie sie auf Erden kein Bleicher machen kann. Da kam eine Wolke und warf ihren Schatten auf sie, und aus der Wolke rief eine Stimme: Das ist mein geliebter Sohn; auf ihn sollt ihr hören.

Herr Jesus Christus,...
Auf dich will ich hören,...

15. August
MARIÄ AUFNAHME IN DEN HIMMEL:
Lk 1,46-48
Da sagte Maria: Meine Seele preiste die Größe des Herrn, und mein Geist jubelt über Gott, meinen Retter. Denn auf die Niedrigkeit seiner Magd hat er geschaut. Siehe, von nun an preisen mich selig alle Geschlechter.

Herr Jesus Christus,...
Der die Niedrigen erhöht,...

14. September
KREUZERHÖHUNG: Joh 3,14-16
Und wie Mose die Schlange in der Wüste erhöht hat, so muß der Menschensohn erhöht werden, damit der, der an ihn glaubt, nicht zugrunde geht, sondern das ewige Leben hat.

Herr Jesus Christus,...
Hingegeben und erhöht ,...

1. November
ALLERHEILIGEN: Mt 5,6.10
Selig, die hungern und dürsten nach der Gerechtigkeit; denn sie werden satt werden. Selig, die um der Gerechtigkeit willen verfolgt werden; denn ihnen gehört das Himmelreich.

Herr Jesus Christus,...
Alle Heiligen offenbaren dich,...

JAHRESGEDÄCHTNIS EINER KIRCHWEIHE: Joh 2,19-21
Jesus antwortete (den Juden): Reißt diesen Tempel nieder, in drei Tagen werde ich ihn wieder aufrichten. Da sagten die Juden: Sechsundvierzig Jahre wurde an diesem Tempel gebaut, und du willst ihn in drei Tagen wieder aufrichten? Er aber meinte den Tempel seines Leibes.

Herr Jesus Christus,...
Unser Tempel bist du,...

PATRONATSFEST DER PFARRGEMEINDE: Mt 18,20

Denn wo zwei oder drei in meinem Namen versammelt sind, da bin ich mitten unter ihnen.

Herr Jesus Christus,...
Du bist mitten unter uns,...

LESEJAHR C
Das Lukasjahr

1. Advents- und Weihnachtszeit

1. ADVENTSSONNTAG: Lk 21,27-28
Dann wird man den Menschensohn mit großer Macht und Herrlichkeit auf einer Wolke kommen sehen. Wenn all das beginnt, dann richtet euch auf, und erhebt eure Häupter; denn eure Erlösung ist nahe.

Herr Jesus Christus,...
Du kommst uns zu retten,...

2. ADVENTSSONNTAG: Lk 3,4.6
So erfüllte sich, was im Buch... des Propheten Jesaja steht: Eine Stimme ruft in der Wüste. Bereitet dem Herrn den Weg! Ebnet ihm die Straßen! ... Und alle Menschen werden das Heil sehen, das von Gott kommt.

Herr Jesus Christus,...
Alle Welt wird schauen das Heil,...

3. ADVENTSSONNTAG: Lk 3,16
Johannes (sagte): Ich taufe euch nur mit Wasser. Es kommt aber einer, der stärker ist als ich, und ich bin es nicht wert, ihm die Schuhe aufzuschnüren. Er wird euch mit dem Heiligen Geist und mit Feuer taufen.

Herr Jesus Christus,...
Du wirst mit Geist und mit Feuer taufen,...

4. ADVENTSSONNTAG: Lk 1,41b-42.45
Elisabet wurde vom Heiligen Geist erfüllt und rief mit lauter Stimme: Gesegnet bist du mehr als alle anderen Frauen, und gesegnet ist die Frucht

deines Leibes. Selig ist die, die geglaubt hat, daß sich erfüllt, was der Herr ihr sagen ließ.

Herr Jesus Christus,...
Du bringst die Erfüllung,...

HOCHFEST DER GEBURT DES HERRN - WEIHNACHTEN

Am Heiligen Abend: Mt 1,1.17

Stammbaum Jesu Christi, des Sohnes Davids, des Sohnes Abrahams: Im ganzen sind es von Abraham bis David vierzehn Generationen, von David bis zur Babylonischen Gefangenschaft vierzehn Generationen und von der Babylonischen Gefangenschaft bis zu Christus vierzehn Generationen.

Herr Jesus Christus,...
Du stehst vor der Tür und klopfst an,...

In der Heiligen Nacht: Lk 2,10-11

Der Engel sagte zu ihnen: Fürchtet euch nicht, denn ich verkünde euch eine große Freude, die dem ganzen Volk zuteil werden soll: Heute ist euch in der Stadt Davids der Retter geboren; er ist der Messias, der Herr.

Herr Jesus Christus,...
Heute ist uns der Retter geboren,...

Am Morgen: Lk 2,15b-16

Die Hirten sagten zueinander: Kommt, wir gehen nach Betlehem, um das Ereignis zu sehen, das uns der Herr verkünden ließ. So eilten sie hin und fanden Maria und Josef und das Kind, das in der Krippe lag.

Herr Jesus Christus,...
Im Futtertrog und Galgen,...

Am Tag: Joh 1,14a.16
Und das Wort ist Fleisch geworden und hat unter uns gewohnt. Aus seiner Fülle haben wir alle empfangen, Gnade über Gnade.

Herr Jesus Christus,...
Du Gotteswort, das Fleisch geworden,...

Sonntag in der Weihnachtsoktav
FEST DER HEILIGEN FAMILIE:
Lk 2,48b-49.51a
Seine Mutter sagte zu ihm: Kind, wie konntest du uns das antun? Dein Vater und ich haben dich voll Angst gesucht. Da sagte er zu ihnen: Warum habt ihr mich gesucht? Wußtet ihr nicht, daß ich in dem sein muß, was meinem Vater gehört? Dann kehrte er mit ihnen nach Nazaret zurück und war ihnen gehorsam.

Herr Jesus Christus,...
Du hast unter uns gewohnt,...

31. DEZEMBER (UND 1. JANUAR)
VORABEND von NEUJAHR (UND NEUJAHR): Joh 1,1-2
Im Anfang war das Wort, und das Wort war bei Gott, und das Wort war Gott. Im Anfang war es bei Gott.

Herr Jesus Christus,...
Du Anfang und Ende von allem,...

Oktavtag von Weihachten
HOCHFEST DER GOTTESMUTTER MARIA: Lk 2,21
Als acht Tage vorüber waren und das Kind beschnitten werden sollte, gab man ihm den Namen Jesus, den der Engel genannt hatte, noch ehe das Kind im Schoß seiner Mutter empfangen wurde.

Herr Jesus Christus,...
Geboren aus Maria, der Jungfrau,...

2. SONNTAG NACH WEIHNACHTEN: Joh 1,14

Und das Wort ist Fleisch geworden und hat unter uns gewohnt, und wir haben seine Herrlichkeit gesehen, die Herrlichkeit des einzigen Sohnes vom Vater, voll Gnade und Wahrheit.

Herr Jesus Christus,...
Voll Gnade und Wahrheit,...

6. Januar
ERSCHEINUNG DES HERRN: Mt 2,1-2

Als Jesus zur Zeit des Königs Herodes in Betlehem in Judäa geboren worden war, kamen Sterndeuter aus dem Osten nach Jerusalem und fragten: Wo ist der neugeborene König der Juden? Wir haben seinen Stern aufgehen sehen und sind gekommen, um ihm zu huldigen.

Herr Jesus Christus,...
Du bist erschienen aller Welt,...

Sonntag nach dem 6. Januar
TAUFE DES HERRN: Lk 3,21-22

Zusammen mit dem ganzen Volk ließ auch Jesus sich taufen. Und während er betete, öffnete sich der Himmel, und der Heilige Geist kam sichtbar in Gestalt einer Taube auf ihn herab, und eine Stimme aus dem Himmel sprach: Du bist mein geliebter Sohn, an dir habe ich Gefallen gefunden.

Herr Jesus Christus,...
Geliebter Sohn des Vaters,...

2. Die österliche Bußzeit (Die Fastenzeit)

ASCHERMITTWOCH: Mt 6,1

Hütet euch, eure Gerechtigkeit vor den Menschen zur Schau zu stellen; sonst habt ihr keinen Lohn von eurem Vater im Himmel zu erwarten.

Herr Jesus Christus,...
Heute will ich deine Stimme hören,...

1. FASTENSONNTAG: Lk 4,1-2a
Erfüllt vom heiligen Geist, verließ Jesus die Jordangegend. Darauf führte ihn der Geist vierzig Tage lang in der Wüste umher, und dabei wurde Jesus vom Teufel in Versuchung geführt.
Herr Jesus Christus,...
Mit dir in der Wüste,...

2. FASTENSONNTAG: Lk 9.28b-29.34b-35
Jesus nahm Petrus, Johannes und Jakobus beiseite und stieg mit ihnen auf einen Berg, um zu beten. Und während er betete, veränderte sich das Aussehen seines Gesichtes, und sein Gewand wurde leuchtend weiß. (Da) kam eine Wolke und warf ihren Schatten auf sie. Sie gerieten in die Wolke hinein und bekamen Angst. Da rief eine Stimme aus der Wolke: Das ist mein auserwählter Sohn, auf ihn sollt ihr hören.
Herr Jesus Christus,...
Mit dir in der Wolke Gottes,...

3. FASTENSONNTAG: Lk 13,8-9
Der Weingärtner erwiderte: Herr, laß den Feigenbaum dieses Jahr noch stehen; ich will den Boden um ihn herum aufgraben und düngen. Vielleicht trägt er doch noch Früchte; wenn nicht, dann laß ihn umhauen.
Herr Jesus Christus,...
Gib mir noch eine Chance,...

4. FASTENSONNTAG: Lk 15,31b-32
Mein Kind, du bist immer bei mir, und alles, was mein ist, ist auch dein. Aber jetzt müssen wir uns doch freuen und ein Fest feiern; denn dein Bruder

war tot und lebt wieder; er war verloren und ist wiedergefunden worden.

Herr Jesus Christus,...

Ich feiere mit,...

5. FASTENSONNTAG: Joh 8,4.5b.7

Die Schriftgelehrten und Pharisäer sagten zu Jesus: Meister, diese Frau wurde beim Ehebruch auf frischer Tat ertappt. Nun, was sagst du dazu? Als sie hartnäckig weiterfragten, richtete er sich auf und sagte zu ihnen: Wer von euch ohne Sünde ist, werfe als erster einen Stein auf sie.

Herr Jesus Christus,...

Ohne Sünde bin ich nicht,...

PALMSONNTAG - EINZUG JESU: Lk 19,37b-38

Da begannen alle Jünger freudig und mit lauter Stimme Gott zu loben wegen all der Wundertaten, die sie erlebt hatten. Sie riefen: Gesegnet sei der König, der kommt im Namen des Herrn. Im Himmel Friede und Herrlichkeit in der Höhe!

Herr Jesus Christus,...

Gott sei freudig Lob um deinetwillen,...

GRÜNDONNERSTAG: Joh 13,1.3a.5

Es war vor dem Paschafest. Jesus wußte, daß seine Stunde gekommen war, um aus dieser Welt zum Vater hinüberzugehen. Da er die Seinen, die in der Welt waren, liebte, erwies er ihnen seine Liebe bis zur Vollendung. Jesus, der wußte, daß ihm der Vater alles in die Hand gegeben hatte... goß Wasser in eine Schüssel und begann, den Jüngern die Füße zu waschen und mit dem Leinentuch abzutrocknen, mit dem er umgürtet war.

Herr Jesus Christus,...

Der uns geliebt hat bis ans Ende,...

KARFREITAG: Joh 19,19-20
Pilatus ließ auch ein Schild anfertigen und oben am Kreuz befestigen; die Inschrift lautete: Jesus von Nazaret, der König der Juden. Dieses Schild lasen viele Juden, weil der Platz, wo Jesus gekreuzigt wurde, nahe bei der Stadt lag. Die Inschrift war hebräisch, lateinisch und griechisch abgefaßt.

Herr Jesus Christus,...
Du herrschest als Gott vom Kreuze her,...

KARSAMSTAG: Mk 15,34
Jesus rief mit lauter Stimme: Mein Gott, mein Gott, warum hast du mich verlassen?

Herr Jesus Christus,...
Gottverlassen bei den Verlorenen,...

3. Die Osterzeit

HOCHFEST DER AUFERSTEHUNG DES HERRN
OSTERSONNTAG
Die Feier der Osternacht: Lk 24,5b-6a
Die Männer sagten zu den Frauen: Was sucht ihr den Lebenden bei den Toten? Er ist nicht hier, sondern er ist auferstanden.

Herr Jesus Christus,...
Auferweckt und in Herrlichkeit,...

Am Tag: Joh 20,3-4.8
Da gingen Petrus und der andere Jünger hinaus und kamen zum Grab; sie liefen beide zusammen dorthin, aber weil der andere Jünger schneller war als Petrus, kam er als erster ans Grab. (Er) ging... hinein; er sah und glaubte.

Herr Jesus Christus,...
Du bist vom Tod erstanden,...

OSTERMONTAG: Lk 24,28b-31
Jesus tat, als wolle er weitergehen, aber sie drängten ihn und sagten: Bleib doch bei uns; denn es wird bald Abend, der Tag hat sich schon geneigt. Da ging er mit hinein, um bei ihnen zu bleiben. Und als er mit ihnen bei Tisch war, nahm er das Brot, sprach den Lobpreis, brach das Brot und gab es ihnen. Da gingen ihnen die Augen auf, und sie erkannten ihn; dann sahen sie ihn nicht mehr.

Herr Jesus Christus,...
Bleibe bei uns, Herr,...

2. Sonntag der Osterzeit
WEISSER SONNTAG: Joh 20,27-28
Jesus sagte zu Thomas: Streck deinen Finger aus – hier sind meine Hände! Streck deine Hand aus und leg sie in meine Seite, und sei nicht ungläubig, sondern gläubig! Thomas antwortete ihm: Mein Herr und mein Gott!

Herr Jesus Christus,...
Mein Herr und mein Gott,...

3. SONNTAG DER OSTERZEIT: Joh 21,15b
Jesus sagte zu Simon Petrus: Simon, Sohn des Johannes, liebst du mich mehr als diese? Er antwortete ihm: Ja, Herr, du weißt, daß ich dich liebe. Jesus sagte zu ihm: Weide meine Lämmer!

Herr Jesus Christus,...
Herr, du weißt, daß ich dich liebe,...

4. SONNTAG DER OSTERZEIT: Joh 10,27-28
In jener Zeit sprach Jesus: Meine Schafe hören auf meine Stimme; ich kenne sie, und sie folgen mir. Ich gebe ihnen ewiges Leben. Sie werden niemals zugrunde gehen, und niemand wird sie meiner Hand entreißen.

Herr Jesus Christus,...
Niemand kann mich deiner Hand entreißen,...

5. SONNTAG DER OSTERZEIT: Joh 13,31-32
Als Judas hinausgegangen war, sagte Jesus: Jetzt ist der Menschensohn verherrlicht, und Gott ist in ihm verherrlicht. Wenn Gott in ihm verherrlicht ist, wird auch Gott ihn in sich verherrlichen, und er wird ihn bald verherrlichen.
Herr Jesus Christus,...
Im Leiden verherrlicht,...

6. SONNTAG DER OSTERZEIT: Joh 14,23
Wenn jemand mich liebt, wird er an meinem Wort festhalten; mein Vater wird ihn lieben, und wir werden zu ihm kommen und bei ihm wohnen.
Herr Jesus Christus,...
Du willst bei mir wohnen,...

CHRISTI HIMMELFAHRT: Lk 25,50-52a
Dann führte Jesus seine Jünger hinaus in die Nähe von Betanien. Dort erhob er seine Hände und segnete sie. Und während er sie segnete, verließ er sie und wurde zum Himmel emporgehoben; sie aber fielen vor ihm nieder.
Herr Jesus Christus,...
Aufgefahren in den Himmel,...

7. SONNTAG DER OSTERZEIT: Joh 17,21
Alle sollen eins sein: Wie du, Vater, in mir bist und ich in dir bin, sollen auch sie in uns sein, damit die Welt glaubt, daß du mich gesandt hast.
Herr Jesus Christus,...
Herr, laß uns eins sein,...

PFINGSTEN

Am Vorabend: Joh 7,37b-39

Jesus rief: Wer Durst hat, komme zu mir, und es trinke, wer an mich glaubt... Aus seinem Inneren werden Ströme von lebendigem Wasser fließen. Damit meinte er den Geist, den alle empfangen sollten, die an ihn glauben; denn der Geist war noch nicht gegeben, weil Jesus noch nicht verherrlicht war.

Herr Jesus Christus,...
Komm, Heiliger Geist,...

Am Tag: Joh 20,19.21b-22

Am Abend des ersten Tages der Woche, als die Jünger aus Furcht vor den Juden die Türen verschlossen hatten, kam Jesus, trat in ihre Mitte und sagte zu ihnen: Friede sei mit euch! Wie mich der Vater gesandt hat, so sende ich euch. Nachdem er das gesagt hatte, hauchte er sie an und sprach zu ihnen: Empfangt den Heiligen Geist!

Herr Jesus Christus,...
Du gabst uns den Geist,...

PFINGSTMONTAG: Joh 3,16-17

Gott hat die Welt so sehr geliebt, daß er seinen einzigen Sohn hingab, damit jeder, der an ihn glaubt, nicht zugrunde geht, sondern das ewige Leben hat. Denn Gott hat seinen Sohn nicht in die Welt gesandt, damit er die Welt richtet, sondern damit die Welt durch ihn gerettet wird.

Herr Jesus Christus,...
Du willst die Welt retten,...

4. Die Sonntage im Jahreskreis

2. SONNTAG: Joh 2,7-9a.11a

Jesus sagte zu den Dienern: Füllt die Krüge mit

Wasser! Und sie füllten sie bis zum Rand. Er sagte zu ihnen: Schöpft jetzt, und bringt es dem, der für das Festmahl verantwortlich ist. Sie brachten es ihm. Er kostete das Wasser, das zu Wein geworden war. Er wußte nicht, woher der Wein kam. So tat Jesus sein erstes Zeichen, in Kana in Galiläa, und offenbarte seine Herrlichkeit.

Herr Jesus Christus,...
Wir sahen deine Herrlichkeit,...

3. SONNTAG: Lk 4,18-19.21
Der Geist des Herrn ruht auf mir: Er hat mich gesandt, damit ich den Armen eine gute Nachricht bringe; damit ich den Gefangenen die Entlassung verkünde und den Blinden das Augenlicht; damit ich die Zerschlagenen in Freiheit setze und ein Gnadenjahr des Herrn ausrufe. Da begann er, ihnen darzulegen: Heute hat sich das Schriftwort... erfüllt.

Herr Jesus Christus,...
Du unser Heute, ...

4. SONNTAG: Lk 4,23b.24.29a
Jesus sagte (in der Synagoge in Nazaret): Wenn du in Kafarnaum so große Dinge getan hast, wie wir gehört haben, dann tu sie auch hier in deiner Heimat! Und er setzte hinzu: Amen, das sage ich euch: Kein Prophet wird in seiner Heimat anerkannt. (Da) sprangen sie auf und trieben Jesus zur Stadt hinaus.

Herr Jesus Christus,...
Fremd in der Welt,...

5. SONNTAG: Lk 5,8-9.10b-11
Als Simon Petrus das sah, fiel er Jesus zu Füßen und sagte: Herr, geh weg von mir; ich bin ein Sünder. Denn er und alle seine Begleiter waren erstaunt und erschrocken, weil sie so viele Fische

gefangen hatten. Da sagte Jesus zu Simon: Fürchte dich nicht! Von jetzt an wirst du Menschen fangen. Und sie zogen die Boote an Land, ließen alles zurück und folgten ihm nach.

Herr Jesus Christus,...

Du kannst mich überwältigen,...

6. SONNTAG: Lk 6,20-21

Jesus richtete seine Augen auf seine Jünger und sagte: Selig, ihr Armen, denn euch gehört das Reich Gottes. Selig, die ihr jetzt hungert, denn ihr werdet satt werden. Selig, die ihr jetzt weint, denn ihr werdet lachen.

Herr Jesus Christus,...

Wir werden lachen,...

7. SONNTAG: Lk 6,27-28.35b

Euch, die ihr mir zuhört, sage ich: Liebt eure Feinde; tut denen Gutes, die euch hassen. Segnet die, die euch verfluchen; betet für die, die euch mißhandeln. Dann wird euer Lohn groß sein, und ihr werdet Söhne des Höchsten sein; denn auch er ist gütig gegen die Undankbaren und Bösen.

Herr Jesus Christus,...

Reaktionslos gut wie der Vater,...

8. SONNTAG: Lk 6,45

Ein guter Mensch bringt Gutes hervor, weil in seinem Herzen Gutes ist; und ein böser Mensch bringt Böses hervor, weil in seinem Herzen Böses ist. Wovon das Herz voll ist, davon spricht der Mund.

Herr Jesus Christus,...

Gib mir ein gutes Herz,...

9. SONNTAG: Lk 7,6b.7b.9a.c

Der Hauptmann schickte Freunde und ließ Jesus sagen: Herr, bemüh dich nicht! Denn ich bin es nicht wert, daß du mein Haus betrittst. Sprich nur ein Wort, dann muß mein Diener gesund werden. Jesus war erstaunt über ihn und sagte zu den Leuten, die ihm folgten: … Nicht einmal in Israel habe ich einen solchen Glauben gefunden.

Herr Jesus Christus,…
Herr, sprich nur ein Wort,…

10. SONNTAG: Lk 7,12a.14a.c.15

Als Jesus in die Nähe des Stadttors kam, trug man gerade einen Toten heraus. Es war der einzige Sohn seiner Mutter, einer Witwe. (Da) ging er zu der Bahre hin und faßte sie an… und er sagte: Ich befehle dir, junger Mann: Steh auf! Da richtete sich der Tote auf und begann zu sprechen, und Jesus gab ihn seiner Mutter zurück.

Herr Jesus Christus,…
Der alle Tränen trocknen wird,…

11. SONNTAG: Lk 7,41-42

Jesus sagte: Ein Geldverleiher hatte zwei Schuldner; der eine war ihm fünfhundert Denare schuldig, der andere fünfzig. Als sie ihre Schulden nicht bezahlen konnten, erließ er sie beiden. Wer von ihnen wird ihn nun mehr lieben?

Herr Jesus Christus,…
Du hast mir viel vergeben,…

12. SONNTAG: Lk 9,23

Jesus sagte: Wer mein Jünger sein will, der verleugne sich selbst, nehme täglich sein Kreuz auf sich und folge mir nach. Denn wer sein Leben retten will, wird es verlieren; wer aber sein Leben um meinetwillen verliert, der wird es retten.

Herr Jesus Christus,…
Ich kenne mich selbst nicht mehr,…

13. SONNTAG: Lk 9,57-58
Als sie auf ihrem Weg weiterzogen, redete ein Mann Jesus an und sagte: Ich will dir folgen, wohin du auch gehst. Jesus antwortete ihm: Die Füchse haben ihre Höhlen und die Vögel ihre Nester; der Menschensohn aber hat keinen Ort, wo er sein Haupt hinlegen kann.

Herr Jesus Christus,...
Ich will dir folgen, wohin du auch gehst,...

14. SONNTAG: Lk 10,1-2
In jener Zeit suchte der Herr zweiundsiebzig andere Jünger aus und sandte sie zu zweit voraus in alle Städte und Ortschaften, in die er selbst gehen wollte. Er sagte zu ihnen: Die Ernte ist groß, aber es gibt nur wenig Arbeiter. Bittet also den Herrn der Ernte, Arbeiter für seine Ernte auszusenden.

Herr Jesus Christus,...
Von dir gesandt,...

15. SONNTAG: Lk 10,26a.27-28
Jesus fragte einen Gesetzeslehrer: Was steht im Gesetz? Er antwortete: Du sollst den Herrn, deinen Gott, lieben mit ganzem Herzen und ganzer Seele, mit all deiner Kraft und all deinen Gedanken, und: Deinen Nächsten sollst du lieben wie dich selbst. Jesus sagte zu ihm: Du hast richtig geantwortet. Handle danach, und du wirst leben.

Herr Jesus Christus,...
Nächstendienst ist Gottesdienst,...

16. SONNTAG: Lk 10,39b-40a.41-42
Maria setzte sich dem Herrn zu Füßen und hörte seinen Worten zu. Marta aber war ganz davon in Anspruch genommen, für ihn zu sorgen. Sie ... sagte: Herr, kümmert es dich nicht, daß meine Schwester die ganze Arbeit mir allein überläßt? Der Herr antwortete: Marta, Marta, du machst

dir viele Sorgen und Mühen. Aber nur eines ist notwendig. Maria hat das Bessere gewählt, das soll ihr nicht genommen werden.

Herr Jesus Christus,...
Dich will ich hören,...

17. SONNTAG: Lk 11,2
(Jesus) sagte (zu seinen Jüngern): Wenn ihr betet, so sprecht: Vater, dein Name werde geheiligt. Dein Reich komme.

Herr Jesus Christus,...
Dein Vater ist mein Vater,...

18. SONNTAG: Lk 12, 19a.c-20a
(Der reiche Kornbauer) sagte: Ich kann zu mir selber sagen: Nun hast du einen großen Vorrat. Ruh dich aus, iß und trink, und freu dich des Lebens. Da sprach Gott zu ihm: Du Narr! Noch in dieser Nacht wird man dein Leben von dir zurückfordern.

Herr Jesus Christus,...
Gott fordert mein Leben ein,...

19. SONNTAG: Lk 12,37
Selig die Knechte, die der Herr wach findet, wenn er kommt. Amen, ich sage euch: Er wird sich gürten, sie am Tisch Platz nehmen lassen und sie der Reihe nach bedienen.

Herr Jesus Christus,...
Dein Dienst – meine Seligkeit,...

20. SONNTAG: Lk 12,51-52a.53
Meint ihr, ich sei gekommen, um Frieden auf die Erde zu bringen? Nein, sage ich euch, nicht Frieden, sondern Spaltung. Denn von nun an wird... der Vater gegen den Sohn und der Sohn gegen den Vater (stehen), die Mutter gegen die Tochter und die Tochter gegen die Mutter, die Schwiegermut-

ter gegen ihre Schwiegertochter und die Schwiegertochter gegen ihre Schwiegermutter.

Herr Jesus Christus,...
Du unser Friede,...

21. SONNTAG: Lk 13,23-24
Da fragte Jesus einer: Herr, sind es nur wenige, die gerettet werden? Er sagte zu ihnen: Bemüht euch mit allen Kräften, durch die enge Tür zu gelangen; denn viele, sage ich euch werden versuchen hineinzukommen, aber es wird ihnen nicht gelingen.

Herr Jesus Christus,...
Du Tür für uns,...

22. SONNTAG: Lk 14,8a.10
Wenn du zu einer Hochzeit geladen bist, such dir nicht den Ehrenplatz aus. Wenn du also eingeladen bist, setz dich lieber ... auf den untersten Platz; dann wird der Gastgeber zu dir kommen und sagen: Mein Freund, rück weiter hinauf! Das wird für dich eine Ehre sein vor allen anderen Gästen.

Herr Jesus Christus,...
Zu finden am letzten Platz,...

23. SONNTAG: Lk 14,26
(Jesus) sagte: Wenn jemand zu mir kommt und nicht Vater und Mutter, Frau und Kinder, Brüder und Schwestern, ja sogar sein Leben gering achtet, dann kann er nicht mein Jünger sein.

Herr Jesus Christus,...
Dich kennen – sich selbst nicht mehr kennen,...

24. SONNTAG: Lk 15,7
Ich sage euch: Es wird auch im Himmel mehr Freude herrschen über einen einzigen Sünder, der

umkehrt, als über neunundneunzig Gerechte, die es nicht nötig haben umzukehren.

Herr Jesus Christus,...
Meine Umkehr – Gottes Freude,...

25. SONNTAG: Lk 16,5-6.8
Der abgesetzte Verwalter ließ die Schuldner seines Herrn ... zu sich kommen und fragte den ersten: Wieviel bist du meinem Herrn schuldig? Er antwortete: Hundert Faß Öl. Da sagte er zu ihm: Nimm deinen Schuldschein... und schreib „fünfzig". Und der Herr lobte die Klugheit des unehrlichen Verwalters.

Herr Jesus Christus,...
Laß mich am Ende noch klug sein,...

26. SONNTAG: Lk 16,22b-23.27.28a.31
Der Reiche starb und wurde begraben. In der Unterwelt, wo er qualvolle Schmerzen litt, blickte er auf und sah von weitem Abraham, und Lazarus in seinem Schoß. Er sagte: ... Ich bitte dich, Vater (Abraham), schick ihn in das Haus meines Vaters! Denn ich habe noch fünf Brüder. Er soll sie warnen. Darauf sagte Abraham: Wenn sie auf Mose und die Propheten nicht hören, werden sie sich auch nicht überzeugen lassen, wenn einer von den Toten aufsteht.

Herr Jesus Christus,...
Daß ich dein Wort höre und die Not sehe,...

27. SONNTAG: Lk 17,6
Wenn euer Glaube auch nur so groß wäre wie ein Senfkorn, würdet ihr zu dem Maulbeerbaum hier sagen: Heb dich samt deinen Wurzeln aus dem Boden und verpflanz dich ins Meer!, und er würde euch gehorchen.

Herr Jesus Christus,...
Du Macht meiner Ohnmacht,...

28. SONNTAG: Lk 17,15.17-18a
Einer von (den zehn Aussätzigen) kehrte um, als er sah, daß er geheilt war; und er lobte Gott mit lauter Stimme. Da sagte Jesus: Es sind doch alle zehn rein geworden. Wo sind die übrigen neun? Ist denn keiner umgekehrt, um Gott zu ehren?

Herr Jesus Christus,...
Geheilt – und gedankenlos undankbar,...

29. SONNTAG: Lk 18,7-8a
(Jesus sagte:) Sollte Gott seinen Auserwählten, die Tag und Nacht zu ihm schreien, nicht zu ihrem Recht verhelfen, sondern zögern? Ich sage euch: Er wird ihnen unverzüglich ihr Recht verschaffen.

Herr Jesus Christus,...
Gott hört unser Rufen,...

30. SONNTAG: Lk 18,13
Der Zöllner blieb ganz hinten (im Tempel) stehen und wagte nicht einmal, seine Augen zum Himmel zu erheben, sondern schlug sich an die Brust und betete: Gott, sei mir Sünder gnädig!

Herr Jesus Christus,...
Gott sei mir gnädig, mir Sünder,...

31. SONNTAG: Lk 19.4b.5b.9
(Zachäus) stieg auf einen Maulbeerfeigenbaum, um Jesus zu sehen... Jesus schaute hinauf und sagte zu ihm: Zachäus, komm schnell herunter, denn ich muß heute in deinem Haus zu Gast sein. Und Jesus sagte zu ihm: Heute ist diesem Haus das Heil geschenkt worden, weil auch dieser Mann ein Sohn Abrahams ist.

Herr Jesus Christus,...
Du willst bei mir einkehren,...

32. SONNTAG: Lk 20,35a.36
(Jesus sagte:) Die, die Gott für würdig hält, an jener Welt und an der Auferstehung von den Toten teilzuhaben, können nicht mehr sterben, weil sie den Engeln gleich und durch die Auferstehung zu Söhnen Gottes geworden sind.

Herr Jesus Christus,...

Wir sollen Söhne Gottes werden,...

33. SONNTAG: Lk 21,16-19
Sogar eure Eltern und Geschwister, eure Verwandten und Freunde werden euch ausliefern, und manche von euch wird man töten. Und ihr werdet um meines Namens willen von allen gehaßt werden. Und doch wird euch kein Haar gekrümmt werden. Wenn ihr standhaft bleibt, werdet ihr das Leben gewinnen.

Herr Jesus Christus,...

Ausharren und ewig leben,...

Letzter Sonntag
CHRISTKÖNIGSSONNTAG:
Lk 23,40a.41-43
Der (eine Mitgekreuzigte) sagte: Uns geschieht recht, wir erhalten den Lohn für unsere Taten; dieser aber hat nichts Unrechtes getan. Dann sagte er: Jesus, denk an mich, wenn du in dein Reich kommst. Jesus antwortete ihm: Amen, ich sage dir. Heute noch wirst du mit mir im Paradies sein.

Herr Jesus Christus,...

Denk an mich in deinem Reich,...

5. Hochfeste und Herrenfeste im Jahreskreis

2. Februar
DARSTELLUNG DES HERRN: Lk 2,28b-31
Simeon ... pries Gott mit den Worten: Nun läßt

du, Herr, deinen Knecht, wie du gesagt hast, in Frieden scheiden. Denn meine Augen haben das Heil gesehen, das du vor allen Völkern bereitet hast.

Herr Jesus Christus,...
Meine Augen haben das Heil gesehen,...

Sonntag nach Pfingsten
DREIFALTIGKEITSSONNTAG: Joh 16,14-15
Er (der Heilige Geist) wird mich verherrlichen; denn er wird von dem, was mein ist, nehmen und es euch verkünden. Alles, was der Vater hat, ist mein; darum habe ich gesagt: Er nimmt von dem, was mein ist, und wird es euch verkünden.

Herr Jesus Christus,...
Vom Vater geliebt und liebend,...

Donnerstag der 2. Woche nach Pfingsten
HOCHFEST DES LEIBES UND BLUTES CHRISTI
FRONLEICHNAM: Lk 9,16-17a
Jesus nahm die fünf Brote und die zwei Fische, blickte zum Himmel auf, segnete sie und brach sie; dann gab er sie den Jüngern, damit sie diese an die Leute austeilten. Und alle aßen und wurden satt.

Herr Jesus Christus,...
Du gibst und lehrst uns geben,...

24. Juni
GEBURT DES HL. JOHANNES DES TÄUFERS: Lk 1,57-58.80a
Für Elisabet kam die Zeit der Niederkunft, und sie brachte einen Sohn zur Welt. Ihre Nachbarn und Verwandten hörten, welch großes Erbarmen der Herr ihr erwiesen hatte, und freuten sich mit ihr. Das Kind wuchs heran, und sein Geist wurde stark.

Herr Jesus Christus,...
Gott erbarmt sich unser,...

29. Juni
HL. PETRUS UND HL. PAULUS, APOSTEL:
Mt 16,18
Ich aber sage dir: Du bist Petrus, der Fels, und auf diesem Felsen werde ich meine Kirche bauen, und die Mächte der Unterwelt werden sie nicht überwältigen.

Herr Jesus Christus,...
Du baust deine Kirche,...

6. August
VERKLÄRUNG DES HERRN:
Lk 9,28b-29.34b-35
Jesus nahm Petrus, Johannes und Jakobus beiseite und stieg mit ihnen auf einen Berg, um zu beten. Und während er betete, veränderte sich das Aussehen seines Gesichtes, und sein Gewand wurde leuchtend weiß. (Da) kam eine Wolke und warf ihren Schatten auf sie. Sie gerieten in die Wolke hinein und bekamen Angst. Da rief eine Stimme aus der Wolke: Das ist mein auserwählter Sohn, auf ihn sollt ihr hören.

Herr Jesus Christus,...
Mit dir in der Wolke Gottes,...

15. August
MARIÄ AUFNAHME IN DEN HIMMEL:
Lk 1,46-48
Da sagte Maria: Meine Seele preist die Größe des Herrn, und mein Geist jubelt über Gott, meinen Retter. Denn auf die Niedrigkeit seiner Magd hat er geschaut. Siehe, von nun an priesen mich selig alle Geschlechter

Herr Jesus, Christus,...
Der die Niedrigen erhöht,...

14. September
KREUZERHÖHUNG: Joh 3,14-16
Und wie Mose die Schlange in der Wüste erhöht hat, so muß der Menschensohn erhöht werden, damit jeder, der an ihn glaubt, in ihm das ewige Leben hat. Denn Gott hat die Welt so sehr geliebt, daß er seinen einzigen Sohn hingab, damit jeder, der an ihn glaubt, nicht zugrunde geht, sondern das ewige Leben hat.

Herr Jesus Christus,...
Hingegeben und erhöht, ...

1. November
ALLERHEILIGEN: Mt 5,6.10
Selig, die hungern und dürsten nach der Gerechtigkeit; denn sie werden satt werden. Selig, die um der Gerechtigkeit willen verfolgt werden; denn ihnen gehört das Himmelreich.

Herr Jesus Christus,...
Alle Heiligen offenbaren dich,...

JAHRESGEDÄCHTNIS EINER KIRCHWEIHE: Joh 2,19-21
Jesus antwortete (den Juden): Reißt diesen Tempel nieder, in drei Tagen werde ich ihn wieder aufrichten. Da sagten die Juden: Sechsundvierzig Jahre wurde an diesem Tempel gebaut, und du willst ihn in drei Tagen wieder aufrichten? Er aber meinte den Tempel seines Leibes.

Herr Jesus Christus,...
Unser Tempel bist du,...

PATRONATSFEST DER PFARRGEMEINDE: Mt 18,20
Denn wo zwei oder drei in meinem Namen versammelt sind, da bin ich mitten unter ihnen.

Herr Jesus Christus,...
Du bist mitten unter uns,...

[1] *E. Jungclaussen* (Hg.), Aufrichtige Erzählungen eines russischen Pilgers, Freiburg/Br. (1974) [18]1990.

[2] Vgl. das sehr helfende Büchlein: Das Jesusgebet. Anleitung zur Anrufung des Namens Jesus von einem Mönch der Ostkirche, hg. v. E. Jungclaussen, Regensburg (1976) [5]1989, hier S. 22.

[3] Vgl. o. (Anm. 1) 30.

[4] Vgl. *H. Schürmann,* Geistliche Schriftlesung und Inneres Gebet in der Obhut des Jesusgebetes, in: J. Degenhardt (Hg.), Die Freude an Gott ist unsere Kraft (FS Otto Knoch), Stuttgart 1991, 417-425.

[5] Siehe o. (Anm. 2) 20.

[6] Vgl. die Unterscheidungen der traditionellen Gebetslehre, z.B. bei *H. Schürmann,* Der Geist macht lebendig (Beten heute 12), Einsiedeln [6]1986, bes. 25-28.

[7] Vgl. o. (Anm. 2) 22-23.

[8] Vgl. dazu *H. Schürmann,* Das dreieinige Selbst im Lichte paulinischer Anthropologie, in: Th Söding (Hg.), Der lebendige Gott (FS Wilhelm Thüsing), Münster 1996, 389-429.

[9] Vgl. Vat. II., Konstitution über die heilige Liturgie Nr. 51.

[10] 1996 ist das Lesejahr A (= Matthäus-Jahr); es folgt 1997 das Lesejahr B (= Markus-Jahr) und 1998 das Lesejahr C (= Lukas-Jahr). 1999 ff wird der Dreijahreszyklus neu beginnen.

[11] Vat. II, Konstitution über die göttliche Offenbarung Nr. 21.

MÜNSTERSCHWARZACHER KLEINSCHRIFTEN

Schriften zum geistlichen Leben ISSN 0171-6360

1	Grün, A., **Gebet und Selbsterkenntnis**	(1979) 56 S.
2	Doppelfeld, B., **Der Weg zu seinem Zelt**	(1979) 64 S.
3	Ruppert/Grün, **Christus im Bruder**	(1979) 56 S.
4	Hugger, P., **Meine Seele, preise den Herrn**	(1979) 84 S.
5	Louf, A., **Demut und Gehorsam**	(1979) 55 S.
6	Grün, A., **Der Umgang mit dem Bösen**	(1980) 84 S.
7	Grün, A., **Benedikt von Nursia**	(1979) 60 S.
8	Hugger, P., **Ein Psalmenlied, dem Herrn,** Teil 1	(1980) 72 S.
9	Hugger, P., **Ein Psalmenlied, dem Herrn,** Teil 2	(1980) 80 S.
10	Hugger, P., **Ein Psalmenlied, dem Herrn,** Teil 3	(1980) 80 S.
11	Grün, A., **Der Anspruch des Schweigens**	(1980) 72 S.
12	Schellenberger, B., **Einübung ins Spielen**	(1980) 52 S.
13	Grün, A., **Lebensmitte als geistliche Aufgabe**	(1980) 60 S.
14	Doppelfeld, B., **Höre – nimm an – erfülle**	(1981) 68 S.
15	Friedmann, E., **Mönche mitten in der Welt**	(1981) 76 S.
16	Grün, A., **Sehnsucht nach Gott**	(1982) 64 S.
17	Ruppert/Grün, **Bete und arbeite**	(1982) 80 S.
18	Lafrance, J., **Der Schrei des Gebetes**	(1983) 64 S.
19	Grün, A., **Einreden**	(1983) 78 S.
22	Grün, A., **Auf dem Wege**	(1983) 72 S.
23	Grün, A., **Fasten – Beten mit Leib und Seele**	(1984) 76 S.
25	Kreppold, G., **Die Bibel als Heilungsbuch**	(1985) 80 S.
26	Louf/Dufner, **Geistliche Vaterschaft**	(1984) 48 S.
28	Schmidt, M.-W., **Christus finden in den Menschen**	(1985) 48 S.
29	Grün/Reepen, **Heilendes Kirchenjahr**	(1985) 88 S.
30	Durrwell, F.-X., **Eucharistie – das österl. S.**	(1985) 76 S.
31	Doppelfeld, B., **Mission**	(1985) 62 S.
32	Grün, A., **Glauben als Umdeuten**	(1986) 68 S.
34	Bar, C. de, **Du hast Menschen an m. Weg gest.**	(1986) 56 S.
35	Kreppold, G., **Kranke Bäume – Kranke Seelen**	(1986) 80 S.
36	Grün, A., **Einswerden**	(1986) 80 S.
37	Community, B., **Regel für einen neuen Bruder**	(1986) 48 S.
39	Grün, A., **Dimensionen des Glaubens**	(1987) 80 S.
41	Domek, J., **Gott führt uns hinaus ins Weite**	(1987) 72 S.
44	Grün/Reitz, **Marienfeste**	(1987) 80 S.
45	Domek, J., **Segen – Quelle heilender Kraft**	(1988) 76 S.
46	Grün/Reepen, **Gebetsgebärden**	(1988) 72 S.
47	Kohlhaas, E., **Es singe das Leben**	(1988) 60 S.
50	Grün, A., **Chorgebet und Kontemplation**	(1988) 68 S.
51	Doppelfeld/Stahl, **Mit Maria auf dem Weg d. Gl.**	(1989) 68 S.

52	Grün, A.,	**Träume auf dem geistlichen Weg**	(1989)	68 S.
53	Kreppold, G.,	**Die Bergpredigt,** Teil 1	(1989)	88 S.
54	Kreppold, G.,	**Die Bergpredigt,** Teil 2	(1989)	72 S.
57	Grün/Dufner,	**Gesundheit als geistl. Aufgabe**	(1989)	108 S.
58	Grün, A.,	**Ehelos – des Lebens wegen**	(1989)	88 S.
59	Staniloae, D.,	**Gebet und Heiligkeit**	(1990)	48 S.
60	Grün, A.,	**Gebet als Begegnung**	(1990)	88 S.
61	Doppelfeld, B.,	**Mission als Austausch**	(1990)	72 S.
62	Abeln/Kner,	**Kein Weg im Leben i. vergebens**	(1990)	56 S.
63	Faricy/Wicks,	**Jesus betrachten**	(1990)	40 S.
64	Grün, A.,	**Eucharistie und Selbstwerdung**	(1990)	94 S.
65	Doppelfeld, B.,	**Ein Gott aller Menschen**	(1991)	80 S.
66	Abeln/Kner,	**Wie werde ich fertig m.m. Alter?**	(1992)	76 S.
67	Grün, A.,	**Geistl. Begleitung bei d.Wüstenv.**	(1992)	100 S.
68	Grün, A.,	**Tiefenpsycholog. Schriftauslegung**	(1992)	108 S.
69	Doppelfeld, B.,	**Symbole,** Teil 1	(1993)	112 S.
70	Doppelfeld, B.,	**Symbole,** Teil 2	(1993)	100 S.
71	Grün, A.,	**Bilder von Verwandlung**	(1993)	100 S.
72	Simons, G.F.,	**Religiöse Erfahrung,** Teil 1	(1993)	100 S.
73	Müller, W.,	**Meine Seele weint**	(1993)	68 S.
74	McDonnell, K.,	**Die Flamme neu entfachen**	(1993)	44 S.
75	Alphonso, H.,	**Die Persönliche Erfahrung**	(1993)	70 S.
76	Grün/Riedl,	**Mystik und Eros**	(1993)	114 S.
77	Ziegler, G.,	**Der Weg zur Lebendigkeit**	(1993)	76 S.
78	Doppelfeld, B.,	**Symbole,** Teil 3	(1993)	88 S.
79	Ruppert, F.,	**Der Abt als Mensch**	(1993)	48 S.
80	Tiguila, B.,	**Afrikanische Weisheit**	(1993)	50 S.
81	Grün, A.,	**Biblische Bilder von Erlösung**	(1993)	102 S.
82	Grün/Dufner,	**Spiritualität von unten**	(1994)	108 S.
83	Doppelfeld, B.,	**Symbole,** Teil 4	(1994)	74 S.
84	Wilde, M.,	**Ich verstehe dich nicht!**	(1994)	56 S.
85	Abeln/Kner,	**Das Kreuz mit dem Kreuz**	(1994)	68 S.
86	Ruppert, F.,	**Mein Geliebter, die riesigen Berge**	(1995)	85 S.
87	Doppelfeld, B.,	**Zeugnis und Dialog**	(1995)	92 S.
88	Friedmann, E.,	**Die Bibel beten**	(1995)	112 S.
89	Müller, W.,	**Gönne Dich Dir selbst**	(1995)	74 S.
90	Ruppert, F.,	**Urwald und Weisheit**	(1995)	72 S.
91	Simons, G.F.,	**Religiöse Erfahrung,** Teil 2	(1995)	102 S.
92	Grün, A.,	**Leben aus dem Tod**	(1995)	104 S.
93	Grün, A.,	**Treue auf dem Weg**	(1995)	116 S.
94	Friedmann, E.,	**Ordensleben**	(1995)	104 S.
95	Stenger, H.,	**Gestaltete Zeit**	(1996)	80 S.